知識ゼロからの釣り入門

つり具の上州屋
アウトドアワールド東大和店

幻冬舎

はじめに *Introduction*

釣りは奥深く、楽しい！
身近な場所で最初の一歩を踏み出そう

キャンプをはじめ、さまざまなアウトドアレジャーに親しむ人が増えています。釣りもまた、近年人気が上昇中。とはいえ、難しそうという漠然としたイメージから一歩を踏み出せなかったり、張り切って渓流や海に出かけたものの何も釣れずにやめてしまったり、という人は多いようです。

確かに釣りは、魚の習性を知り、時期や時間帯を見定め、仕掛けに知恵を絞らなければなりません。しかし、そんな工夫こそが釣りの醍醐味。きちんと戦略を立てれば、経験の有無にかかわらず魚を釣ることができます。

この本では、街中を流れる川や近所の小川でできる釣り、キャンプや海水浴のついでに楽しめる釣りなど、初心者向けの釣りを中心に紹介しています。まずは身近な場所で、最初の1匹を釣り上げてみてください。釣れたときの純粋な喜びはもちろん、自然の中で過ごす爽快感、生き物を相手に駆け引きをすることのおもしろさに、きっとやみつきになるはずです。

つり具の上州屋 アウトドアワールド東大和店

実録!?

親子ビギナーの「波欄万丈」釣り体験記

「釣りをしてみたい」と思っても、
何をどうして良いのやら……!?
経験ゼロの超初心者親子が、
その道20年の「ねこ先生」に連れられて、
いざ、初めての釣りを体験します!

詳しくは p18、62へ

基本はこんな感じ
竿と仕掛けのしくみ
イト(道糸)
竿先に結ぶイトや
リールに巻くイト
竿(ロッド)
リールと
組み合わせて
使う竿もある
イト(ハリス)
ハリに結ぶイト
ハリ
イトは部分によって呼び方が違うんですね
意外とシンプル……
これが仕掛け。ここにオモリやウキなどを、組み合わせて使うんだよ
その、仕掛けってのが難しそう！自分で作れる自信がないよ～
それなら市販の仕掛けセットがオススメ。道糸に結ぶだけで良いから簡単さ！
種類もいろいろ
サビキ釣りセット
ちょい投げセット
管理釣り場なら一式借りられるところも多いしね
手ぶらでできちゃうんですね！

服装は？とりあえず帽子は必要ですよね
うん、そうだね
釣りの基本スタイル
暑い時期
帽子
偏光グラス
長袖&長ズボン
日焼けを防ぐため露出は控えよう。速乾性の高いアウトドアウエアの重ね着がオススメ
釣り用グローブをはめるとより安全
スニーカーなど
滑りにくい靴。サンダルはNG
寒い時期
帽子
偏光グラス
防寒着
冷え込むので防寒対策はしっかりと！
暖かいインナー
スニーカーなど
最初のうちはこれくらいで十分。雨具も忘れずにね
さっそく管理釣り場に行ってみよう！
おー!!

管理釣り場へGO!
竿も貸してください
まず受付で料金を払います
「9番」で釣ってくださいね
わあ長〜い
市販の竿だと短く収納できるものが多いよ
これは継ぎ目のない竿だね
8
9
10
ここが釣り場ね
あそこだ!
いざ!
ポチャン
どきどき
えっもう!?
いきなり釣れたぁ
さっそくGet!!
放流直後はよく釣れるよ

覚えておきたい釣りのマナー&ルール

- **大騒ぎしない**……………………魚は大きな音に敏感。走り回ったりするのもNG
- **場所を取りすぎない**…………ほかの釣り人への配慮を忘れないように！
- **割り込まない**……………………竿を扱いやすいよう、釣り人同士の間隔を十分空けよう
- **竿をねかせない・またがない**………………踏んだり、つまずいたりしてトラブルのもと
- **立入禁止区域に入らない**……危険なうえ、地元の人や漁師さんの迷惑になる

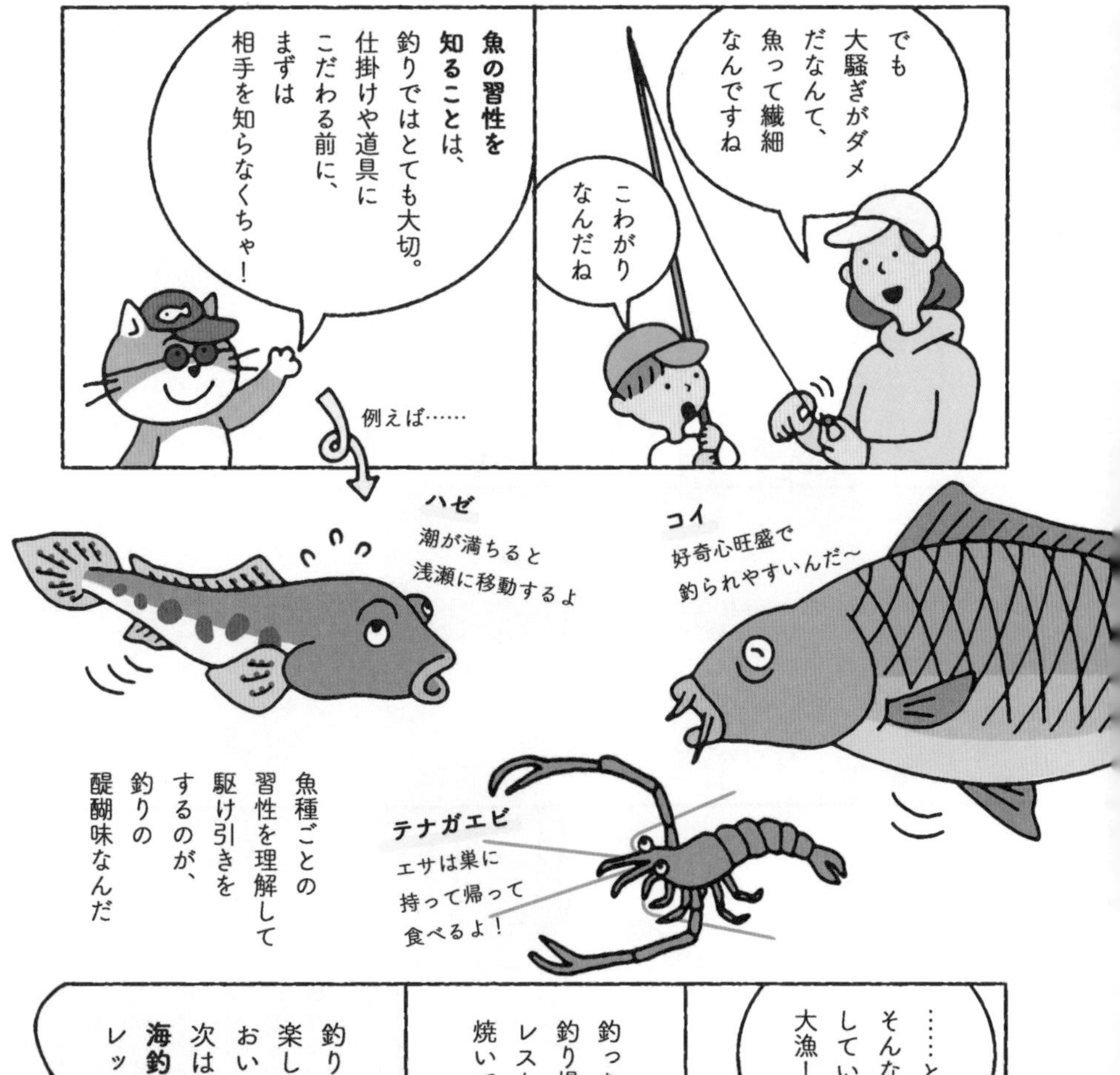

でも
大騒ぎがダメ
だなんて、
魚って繊細
なんですね
こわがり
なんだね
魚の習性を
知ることは、
釣りではとても大切。
仕掛けや道具に
こだわる前に、
まずは
相手を知らなくちゃ！
例えば……
コイ
好奇心旺盛で
釣られやすいんだ〜
ハゼ
潮が満ちると
浅瀬に移動するよ
テナガエビ
エサは巣に
持って帰って
食べるよ！
魚種ごとの
習性を理解して
駆け引きを
するのが、
釣りの
醍醐味なんだ
……と、
そんな話を
している間に
大漁！
釣った魚は
釣り場にある
レストランで
焼いてもらいました
どーん
釣りって、
楽しく
おいしくて最高！
次は、
海釣り公園に
レッツゴーー！
もぐ
もぐ
うーん
海か……

海釣り公園へGO!
初心者にオススメの海釣り公園か……
今日行きません?
うーん、来週末がいいかな
さっそく!
詳しくはp28へ
2月 潮見表
海釣りでは潮も確認して釣行日を決めるんだ
そして2月某日、海釣り公園へ!
広〜い
さて何を釣る?
アジ!アジ!今日の夕飯のおかずを釣りたいの
アジフライ♪
この時期にアジ……まあ何事も経験か
竿
リール
竿とリールを貸してあげるよ
なんだか本格的!

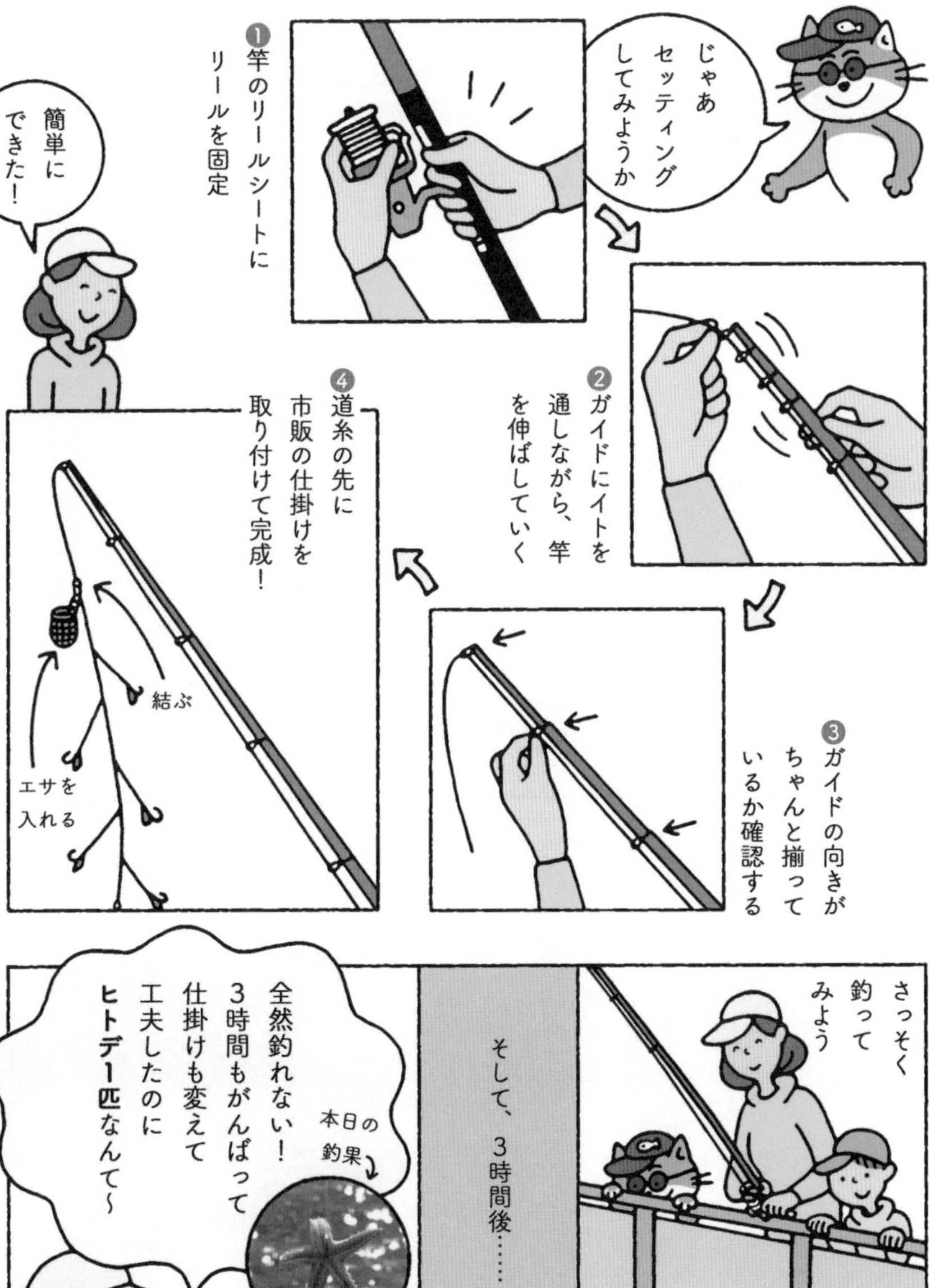
じゃあ セッティング してみようか
❶竿のリールシートにリールを固定
簡単にできた!
❷ガイドにイトを通しながら、竿を伸ばしていく
❸ガイドの向きがちゃんと揃っているか確認する
❹道糸の先に市販の仕掛けを取り付けて完成!
結ぶ
エサを入れる
さっそく釣ってみよう
そして、3時間後……
全然釣れない! 3時間もがんばって仕掛けも変えて工夫したのに**ヒトデ1匹**なんて~
本日の釣果
うぇ~ん アジは?
詳しくは p36へ

魚種カレンダー

：よく釣れる　：釣れる

川・海で釣れる

魚種	1月	2月	3月	4月	5月
【川】					
ニジマス					
ヤマメ					
イワナ					
マブナ					
クチボソ					
オイカワ					
コイ					
テナガエビ					
ハゼ					
【海】					
アジ・サバ					
イワシ					
アイナメ					
メバル					
カサゴ					
シロギス					
メジナ					
クロダイ					
アオリイカ					
スズキ					

海釣りは地域や潮回りで釣果が左右される。近所の川の方が釣りやすいこともあるんだよ
意外と難しいんだよ
悔しい～。道具を揃えて次こそはじゃんじゃん釣るぞー！
釣れないと楽しくないもんね
その意気だよ。じゃあ今度は釣り具屋さんに行ってみよう！
釣り具屋さんへGO！
ヒラメ
渓流
10% off
おかあさんどこー？？
うわ、広すぎる！どうしよ…
あ、新商品……
あのーすみません
スタッフAさん
この時期なら〇〇川で小魚釣りが楽しめますよ。道具は……
あれや
これや
細かいアドバイスももらえて助かる～！
ちゃんと釣れるようになりますかね
大丈夫！
海では全然釣れなかったんだ

詳しくは
p94へ

いずれは
こんな
大物も！！
しっかり
準備すれば
この通り
楽しめますよ
ぼくも
釣れるように
なりたいな！
楽しく奥深い
釣りの世界。
一緒に一歩を
踏み出そう！

CONTENTS
もくじ

CONTENTS

もくじ

PART 1

管理釣り場で釣りデビュー

釣りをしてはみたいけれど、
場所も道具も魚のこともわからない。
そんな状態で最初の一歩を踏み出すなら、
まずは「管理釣り場」へ。
安全かつ簡単に、
釣りのおもしろさを体験できます。

管理釣り場で

初めての釣りなら安全＆簡単な釣り場で

右も左もわからなくても管理釣り場なら釣れる

釣りをしてみたいが、どこで釣れば良いかわからない。そんな人は「管理釣り場」へ行ってみましょう。

管理釣り場は、一定の場所に放流された魚を有料で釣ることができる施設です。自然河川の一部を使った渓流型や、池などで釣る止水型、シーズンオフのプールを利用した釣り場など、さまざまなタイプがあります。

まずは、渓流型でのエサ釣りがおすすめ。自然の中で釣る開放感を味わいつつ、流れの中で魚のいる場所を見つけたり、流れにのせてエサを流したりといった初歩的なテクニックの練習もできます。釣り上げた魚を食べる楽しみもあります。

おすすめの釣り場の見分け方

釣った後のサービスが充実している

ガス台の貸出や調理サービスは、確実に釣れることを意味する。

目の前で魚を放流してくれる

放流直後の好機を逃さずに、釣りを始めることができる。

料金を支払ってエサを調達

STEP1 受付で料金を支払う

料金は前払い制。受付で支払い、釣り券をもらって身に着ける。

料金支払い済みと一目でわかるよう、よく見える場所に付ける。

STEP2 道具とエサを調達

売店で仕掛けやエサを購入。竿を借りる場合はレンタルの手続きをする。

STEP3 釣り場へ移動

大抵は家族やグループ単位で区画を貸し切る。指定のエリアへ移動。

さっそく釣ろう！

釣り場の基本情報を事前に確認しておこう

どんな魚が釣れる?

比較的釣りやすいニジマスが多い。日本在来のイワナやヤマメ、外来種ではブラウントラウトなどのマス類も。

どんな釣りができる?

ウキ釣りやミャク釣り、ルアーフィッシング、テンカラ釣りなど。施設やエリアによってできる釣り方が異なる。

釣り場のルール

釣った魚をどうするか、釣り方や仕掛けに関する禁止事項などは、施設ごとに異なる。ルールを厳守して楽しもう。

ウキ釣り

アタリがわかる ウキ釣りでまずは1匹！

最初の一歩にぴったりのシンプルな釣り方

　管理釣り場でのエサ釣りは、昔ながらの「ウキ釣り」が主流。ウキの動きに注目し、魚がくわえたら竿を立ててハリを掛けます。道糸から先が全て揃った「仕掛けセット」を使えば、竿先に結ぶだけで簡単に始められます。エサはイクラにすれば、生きエサが苦手な人でも大丈夫です。

　ウキ釣りの良いところは、アタリがわかりやすいことです。目の前でスッとウキが沈んだときの期待感は格別！　仕掛けは単純ですが応用が利き、同様の仕掛けをアレンジして小魚釣り（p46）やテナガエビ釣り（p54）も楽しめます。まさに最初の一歩におすすめの釣りです。

Q ウキは何のためにつけるの？

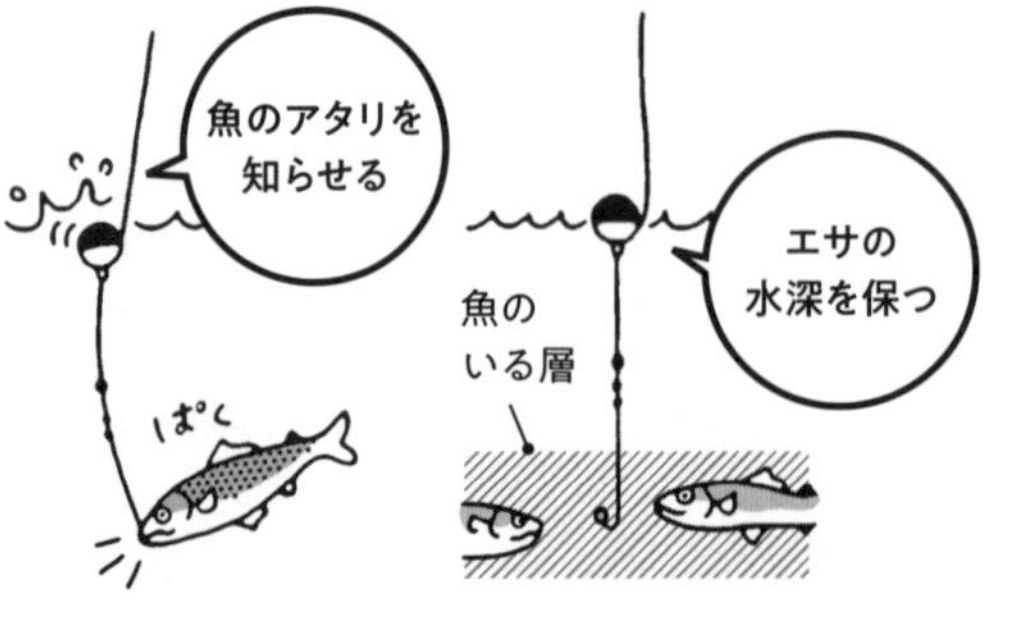

A 水中のできごとを伝えるのがウキの役目

最大の役目は、魚の動きを伝えること。魚がエサをつっついたりくわえたりすると、不自然に揺れたり沈んだりする。オモリとセットで働き、エサを魚のいる層（タナ）に留めておく役目もある。

覚えておこう！ アタリ → 魚がエサをくわえたとき仕掛けに現れる反応。

ウキ釣りの仕掛けと道具

ウキ、ハリ、オモリ、エサを付けるだけの、シンプルで軽量な仕掛け。道糸からハリまでの長さを竿の長さと同じにする。

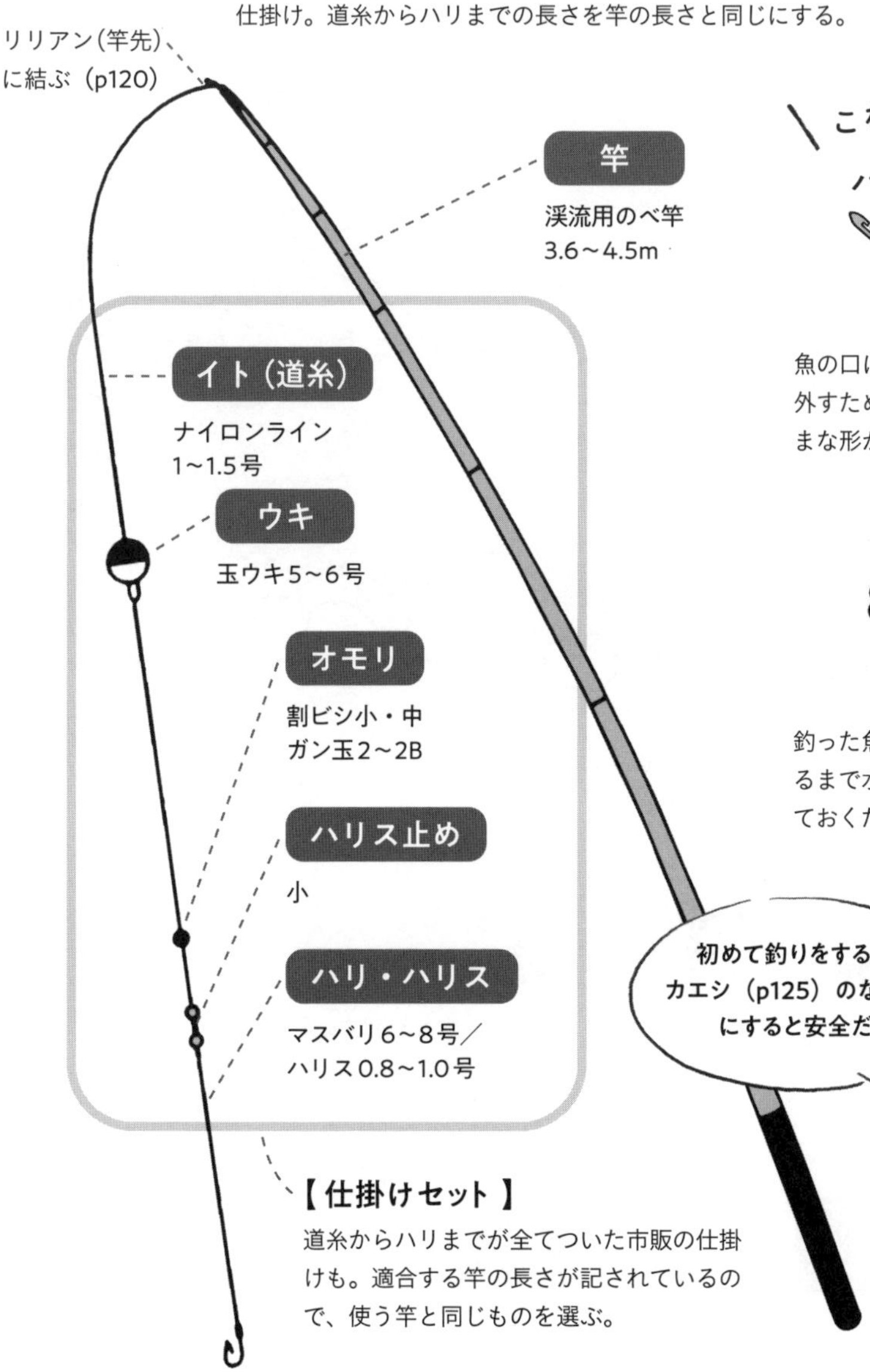

【 仕掛けセット 】

道糸からハリまでが全てついた市販の仕掛けも。適合する竿の長さが記されているので、使う竿と同じものを選ぶ。

＼ これも用意 ／

ハリ外し

魚の口に刺さったハリを外すための道具。さまざまな形がある。

ビク

釣った魚を入れ、持ち帰るまで水につけて生かしておくために必要。

lesson1

釣る場所を決める

指定されたエリア内で魚がいそうな場所を見極め、エサをセット。放流直後がよく釣れるため、手早く準備したい。

❶ 魚がいる場所を予想する

エサが豊富な流れや、天敵から身を隠せるような場所がねらい目。入門者は、流れが緩やかなエリアがおすすめ。

❷ エサを付ける

ハリにイクラを刺す。最初は1個から。食いが悪ければイクラを2個連ねるのも効果的。

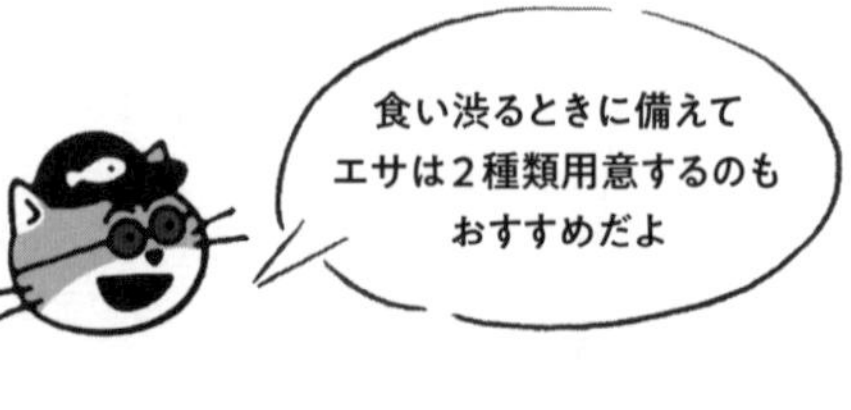

❸ タナを決める

ウキを差し込むゴム管を上下させ、ウキの位置を調節。エサを留めておく水深を決める。

目安は80cm
（水底より10cmくらい）

覚えておこう！ タナ➔魚のいる層のこと。魚種や状況によって常に変化する。

lesson2

竿を振り出す

竿を振り出し、ねらった場所にエサを送り込む。無理に竿を振り上げなくても、オモリの重みで自然に仕掛けが出ていく。

1 竿を持つ

肩や腕の力を抜く。利き手で竿を持ち、反対の手で仕掛けを持つ。

2 竿を水平にする

エサを落としたいポイントに、体と竿先を向けて立ち、竿を水平に持つ。

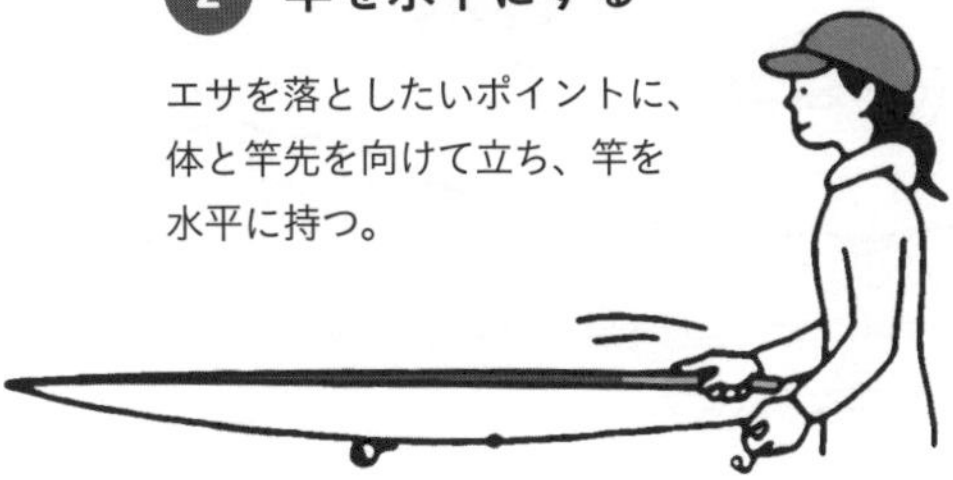

3 竿をゆっくり振り上げる

ハリスを持つ手を離すとほぼ同時に、竿をゆっくり振り上げる。

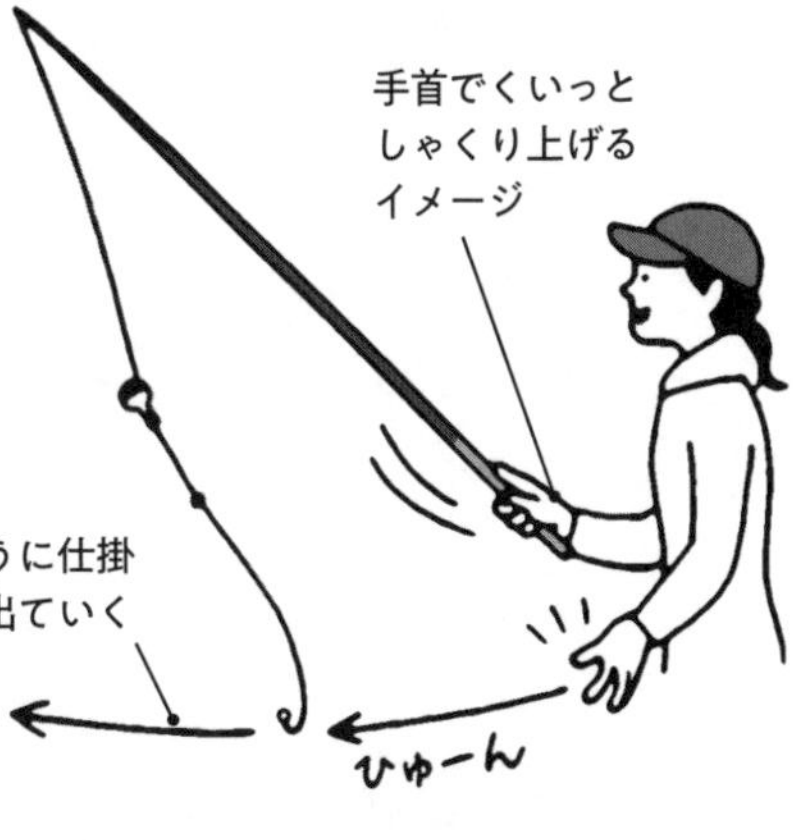

4 静かに下ろす

竿先をゆっくり下ろし、ねらったポイントにエサを静かに投入する。

lesson3

エサを流す

魚のいるところをめがけて、自然にエサが流れていくように、
仕掛けを操作しよう。

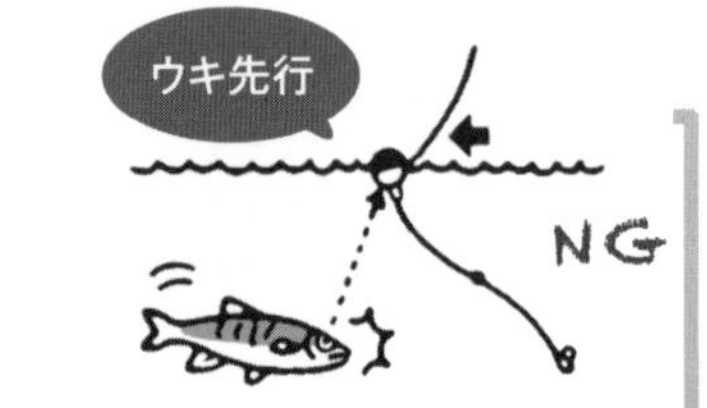

ウキに気づいた魚が警戒してしまう

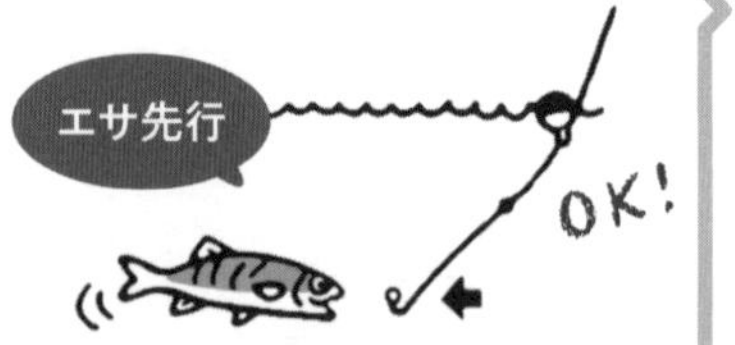

ウキに気づく前に食いつく

! まずは水中の魚の動きをイメージ

流れの中では、魚は上流に頭を向けて泳いでいることを覚えておこう。

1 仕掛けを落とす

白い泡が立っているところ（流れが始まるところ）に、仕掛けを投入。

2 仕掛けを流す

流れにまかせ、イトを少したるませたまま、ウキに合わせて竿を移動。

lesson4

魚の口にハリを掛ける

魚がエサをくわえたら、タイミングを見計らって竿を少し立て、
魚の口にしっかりとハリを掛ける。

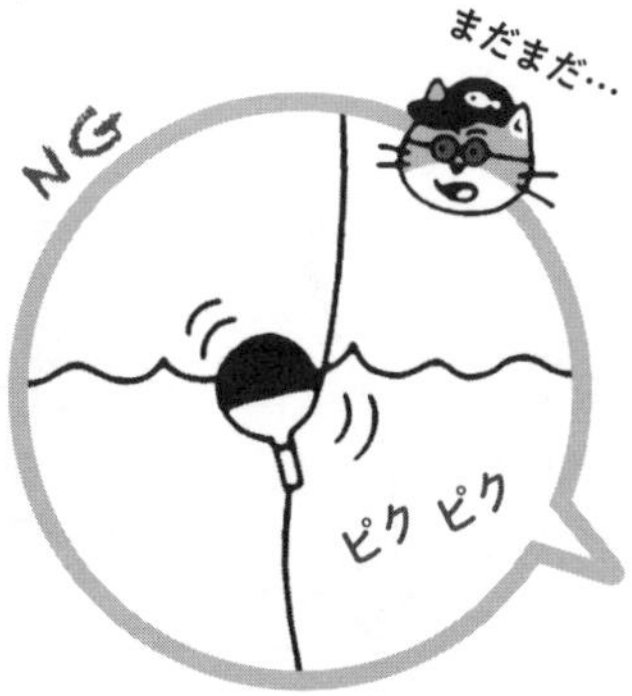

ウキがピクピク動く程度では、
しっかりエサをくわえていない

1 ウキが沈む

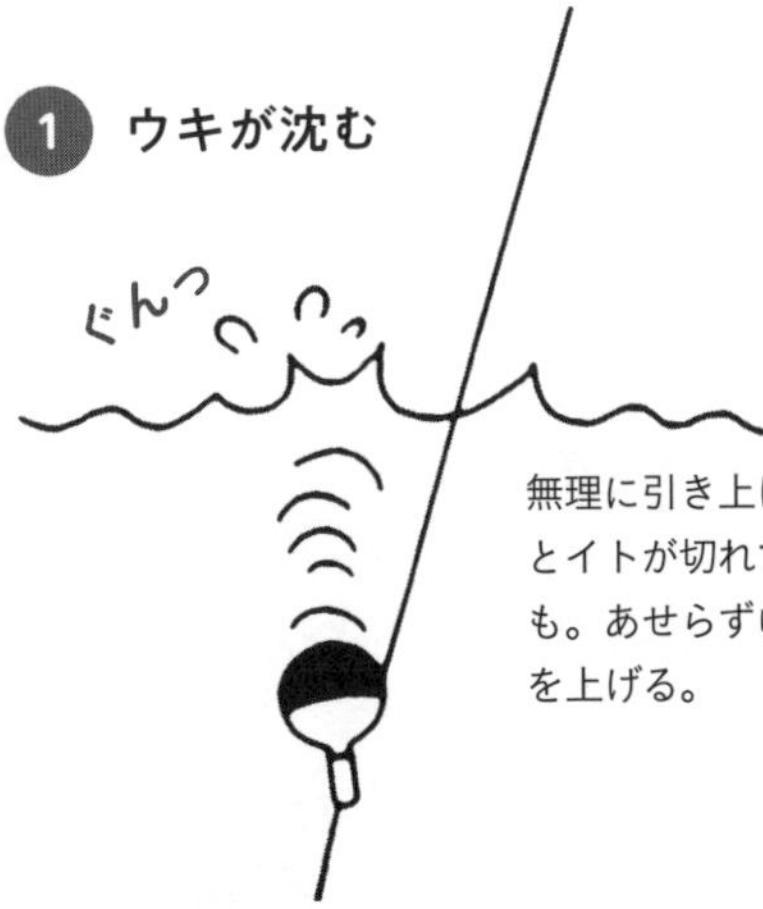

無理に引き上げようとすると イトが切れてしまうことも。あせらずゆっくり竿先を上げる。

先端だけに力がかかりすぎると竿が折れてしまうこともある

2 アワセを入れる

無理に引き上げようとするとイトが切れてしまうことも。あせらずゆっくり竿先を上げる。

覚えておこう！ アワセ → 竿を操作して、魚の口にハリを掛けること。

lesson5

取り込んでハリを外す

初めて釣れると慌ててしまうもの。落ち着いて取り込む。鮮度を保つため、なるべく魚に触らないようにしよう。

1 取り込む

竿を立てると、魚が自分の方へ寄ってくる。近くまできたらハリスを持って引き寄せる。

2 タモ網に入れてハリを外す

水につけたタモ網の中で、ハリ外しなどを使ってハリを外す。

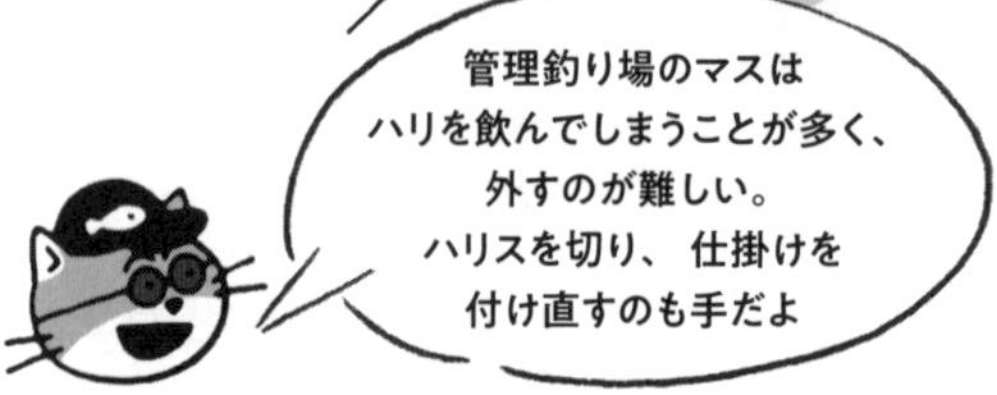

竿の伸ばし方・しまい方

しまうとき

手元側から順番にしまう

手元側から順番に、継ぎ目に近い部分を持ってまっすぐ押し込むようにしまう。穂先からしまうと、破損の原因に！

伸ばすとき

穂先から順番に継ぐ

竿を脇に抱え、穂先から一本ずつ順番に引き出し、継ぎ目ごとに固定していく。

覚えておこう！ **取り込む** → 釣った魚を手元に寄せること。

lesson6

釣れた魚をどうする？

エサ釣りの魚はリリースしないのが基本。さばいて内臓などを処理してから持ち帰るか、その場で焼いてもらう。

持ち帰る

魚さばき場

所定の場所でさばく（さばき方はp112）。取り除いた内臓の処理なども釣り場のルールに従う。

焼いてもらう

施設によってはさばいたり焼いたりしてもらえる場合も。ルールを守ってお願いする。

管理釣り場でたくさん釣るための虎の巻

一 スタート30分が勝負と心得よ

放流後30分間程度が、もっとも魚の活性が高く、エサに食いつきやすい時間帯。手早く準備してポイントを見極め、テンポよく釣ろう。

二 マイ道具を揃えて挑むべし

ハリを飲まれたりして手間取ったときも、自前の竿や道具なら仕掛けを切って対応できる。レンタルよりもマイ道具がおすすめ。

海釣り公園で

難易度はアップ！
自然相手の釣りを体験

釣りやすく安全な釣行日を決めて

広大なフィールドで、のびのび釣りを満喫できるのが海釣りの魅力。海で釣りたいと思ったら、まずは海釣り公園に行ってみましょう。

海釣り公園は、防波堤などで安全に釣りができるよう整備された施設。回遊魚や底にすむ根魚など多種多様な魚を、さまざまな釣り方で釣ることができます。

ただし、釣り堀や魚を放流する管理釣り場と違い、自然のフィールドが相手。季節や潮回りなどで釣れる魚や場所が変わり、決して易しい釣りではありません。まずはできるだけ安全で釣りやすい釣行日、時間帯を決めることから始めましょう。

海釣りは二つに大別される

陸釣り

これを気軽に体験できるのが**海釣り公園！**

防波堤や漁港、砂浜、磯などで釣る。季節や潮の干満を考えてポイントを探すのが楽しみ。

船釣り

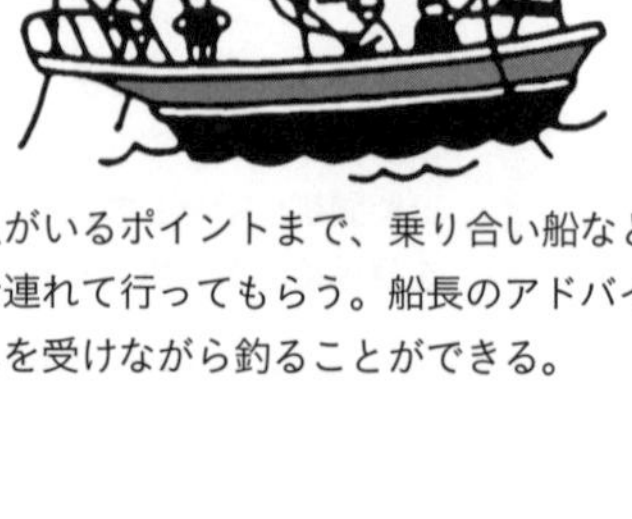

魚がいるポイントまで、乗り合い船などで連れて行ってもらう。船長のアドバイスを受けながら釣ることができる。

釣行日と対象魚を考える

ベテランなら多少の悪条件でも楽しめるが、経験の浅いうちは無理をせず、「釣れる可能性が高い日」を選ぼう。

天気

悪天候なら釣りはやめよう

足場の良い防波堤でも、高波や強風時は危険。仕掛けの準備なども難しい。気候の穏やかな日を選ぶ。

季節

今釣れる魚を必ずチェック

同じ場所でも、季節ごとに釣れる魚は変わる。今釣れる魚が何か確認してから、釣りの計画を立てる。

潮の干満

潮の動きを確認しておこう

潮況は、大潮→中潮→小潮→長潮→若潮→中潮→大潮と変化。一般的に大潮や中潮で釣果が期待できる。

時間帯

夜明けと日没前後をねらう

昼間の明るい時間帯よりも、ほの明るい朝夕の「マヅメどき」に、魚の活性が高くなる。

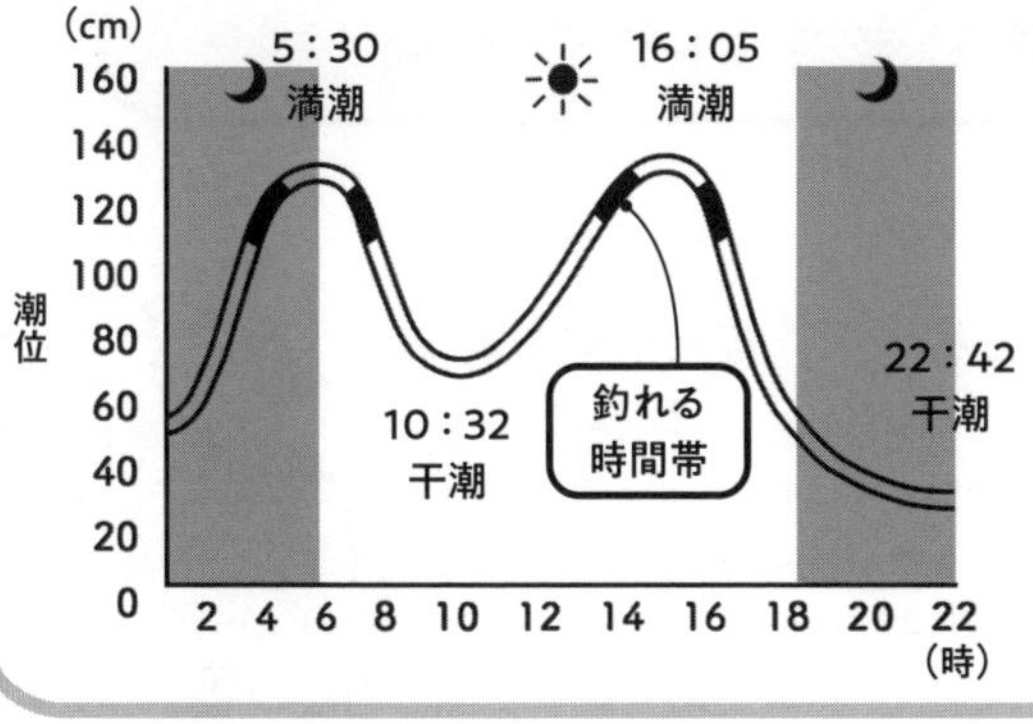

1日2回の満潮前後が釣れる時間帯

陸釣りで魚の活性が高まるのは、満潮前後の、潮が動き始めて1時間半ほどの間。

覚えておこう！ マヅメ ⇨ 夜明け前や日没前後の、ほの明るい状態。

海釣り公園で

釣果情報をもとにどこで釣るかを決める

設備や釣果をあらかじめ確認

海釣り公園は、売店などを完備しているところや、防波堤を無料で開放しているだけのところなど、施設によって設備が異なります。あらかじめ確認してから出かけましょう。

多くの海釣り公園は、回遊魚の豊富な場所に作られています。魚礁など、魚のつきやすいさまざまな工夫が施されている施設もあり、どのエリアでどんな魚が釣れるかは、施設が公表している「釣果情報」が参考になります。前日のものや、前年の同時期の釣果情報をもとに、釣る場所を決めると良いでしょう。

受付の際に、その日の釣果状況を尋ねるのもおすすめです。

管理棟でまず釣りの準備

STEP1

受付で料金を支払う

有料なら料金は前払い制。管理棟の受付や券売機で支払い、釣り券を購入する。

STEP2

必要なものを揃える

売店があれば、仕掛けやエサを購入。竿を借りる場合はレンタルの手続きをする。

ポイントへ移動して釣ろう！

釣り場のタイプはいろいろ

どんな釣り場があるかは施設によって異なるが、魚がつきやすいさまざまな工夫が施されている。

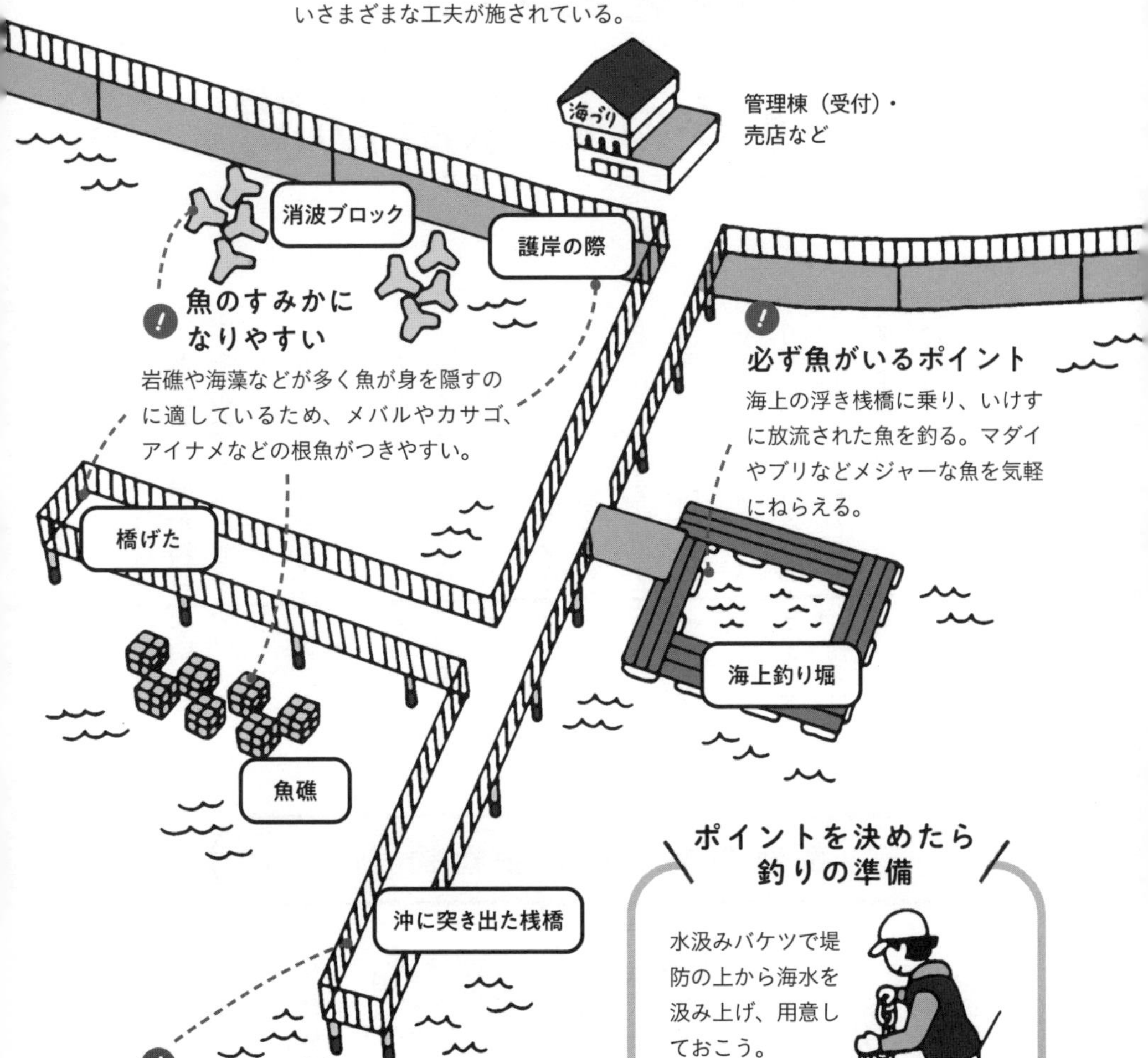

魚のすみかになりやすい

岩礁や海藻などが多く魚が身を隠すのに適しているため、メバルやカサゴ、アイナメなどの根魚がつきやすい。

必ず魚がいるポイント

海上の浮き桟橋に乗り、いけすに放流された魚を釣る。マダイやブリなどメジャーな魚を気軽にねらえる。

潮通しが良く回遊魚がねらえる

イワシやアジ、サバなど回遊性の高い魚がねらえる。プランクトンや小型の魚が多く、それをねらう大型魚が釣れる可能性も。

ポイントを決めたら釣りの準備

水汲みバケツで堤防の上から海水を汲み上げ、用意しておこう。

覚えておこう！　**根魚** → 海底の岩礁や海藻の間にすむ、生息範囲が狭い魚。

探り釣り

根魚をねらって魚のすみかに家庭訪問

とにかく何か釣りたい！そんな人におすすめ

水底の岩礁や水草など（根）に潜む「根魚」をターゲットに、堤防をあちこち釣り歩く「探り釣り」。

基本的に足元をねらい、対象も小さな魚が多いので、派手さはありません。ですが、魚のすみかにピンポイントでエサを落とすため、季節や潮回りによって釣果が左右される回遊魚の釣りに比べると、釣れる確率は高くなります。「とにかく何か釣りたい」という人におすすめです。

仕掛けは市販のセットを使えば簡単ですが、根に仕掛けが引っかかる「根がかり」が度々起こります。根がかりの外し方（p40）を予習し、慌てず対処しましょう。

長期間楽しめる根魚釣り

根魚は、回遊魚や大物ねらいの釣りでは「外道（対象魚以外の魚）」とされる。しかし、比較的釣期が長く、実はおいしい。対象魚として十分楽しめる。

覚えておこう！ **根がかり** → 底にある障害物などにハリやオモリが引っかかること。

探り釣りの仕掛けと道具

オモリで穴の中に仕掛けを送り込む「胴付き仕掛け」。
オモリは重すぎると根がかりしやすくなるため注意。

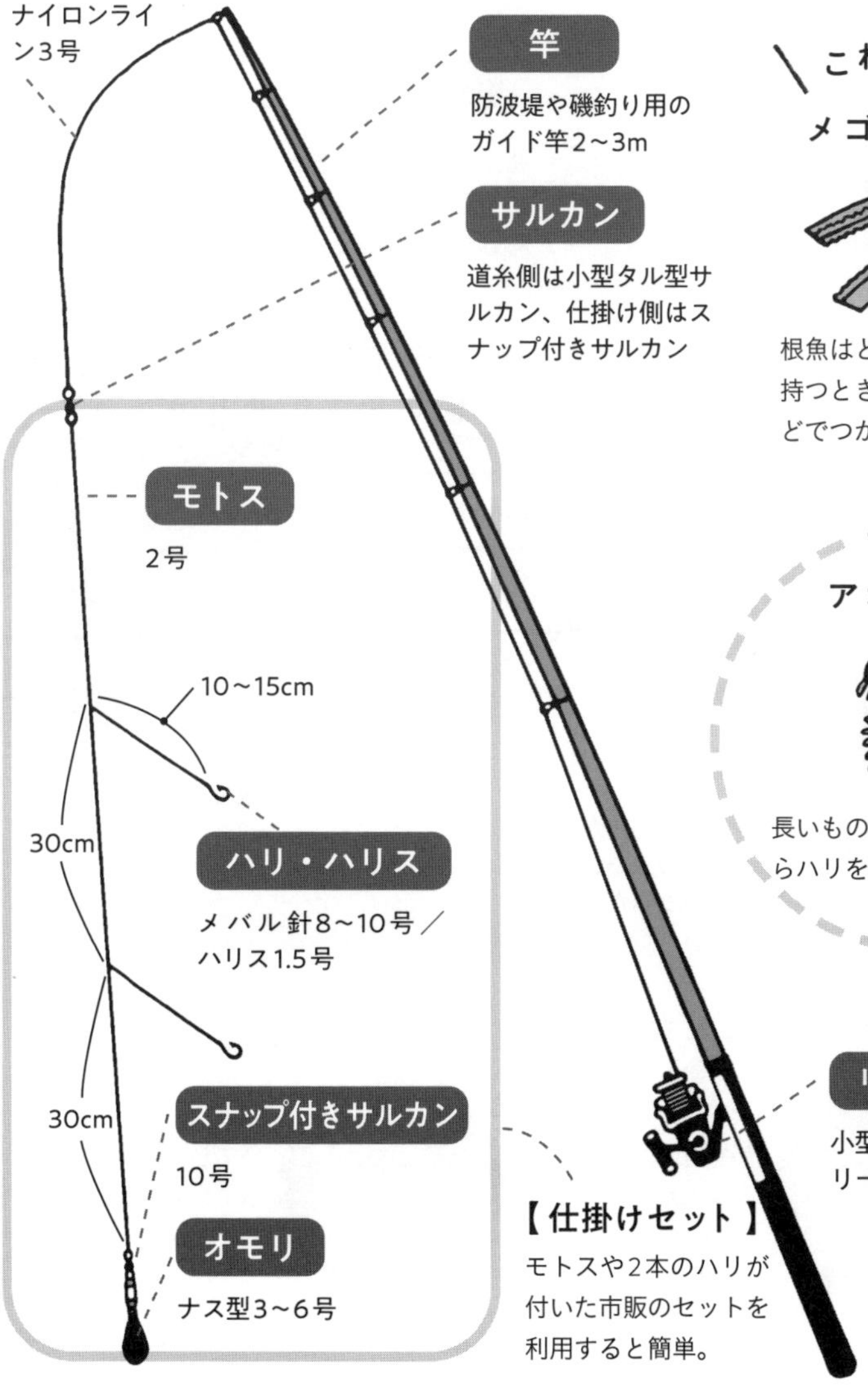

【仕掛けセット】
モトスや2本のハリが付いた市販のセットを利用すると簡単。

＼これも用意／

メゴチバサミ

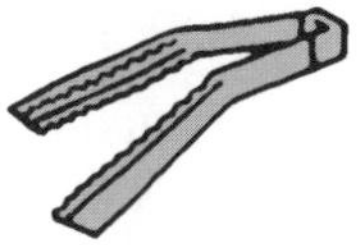

根魚はとくにヒレが鋭い。持つときは専用の器具などでつかむ。

〈エサ〉

アオイソメ

長いものは切って切断面からハリを刺して付ける。

lesson1

どんな釣りか理解しよう

消波ブロックや橋げたの周り、護岸の際など、魚のすみかをどんどん探っていく。身軽に釣り歩こう。

3回探って
釣れなかったら
移動！

魚のすみかを ピンポイントでねらう

魚が潜みやすく、潮が動いてエサも集まりやすい下記のポイントがねらい目。1ヵ所で粘らず移動して釣り歩くため、持ち物や服装は身軽に。

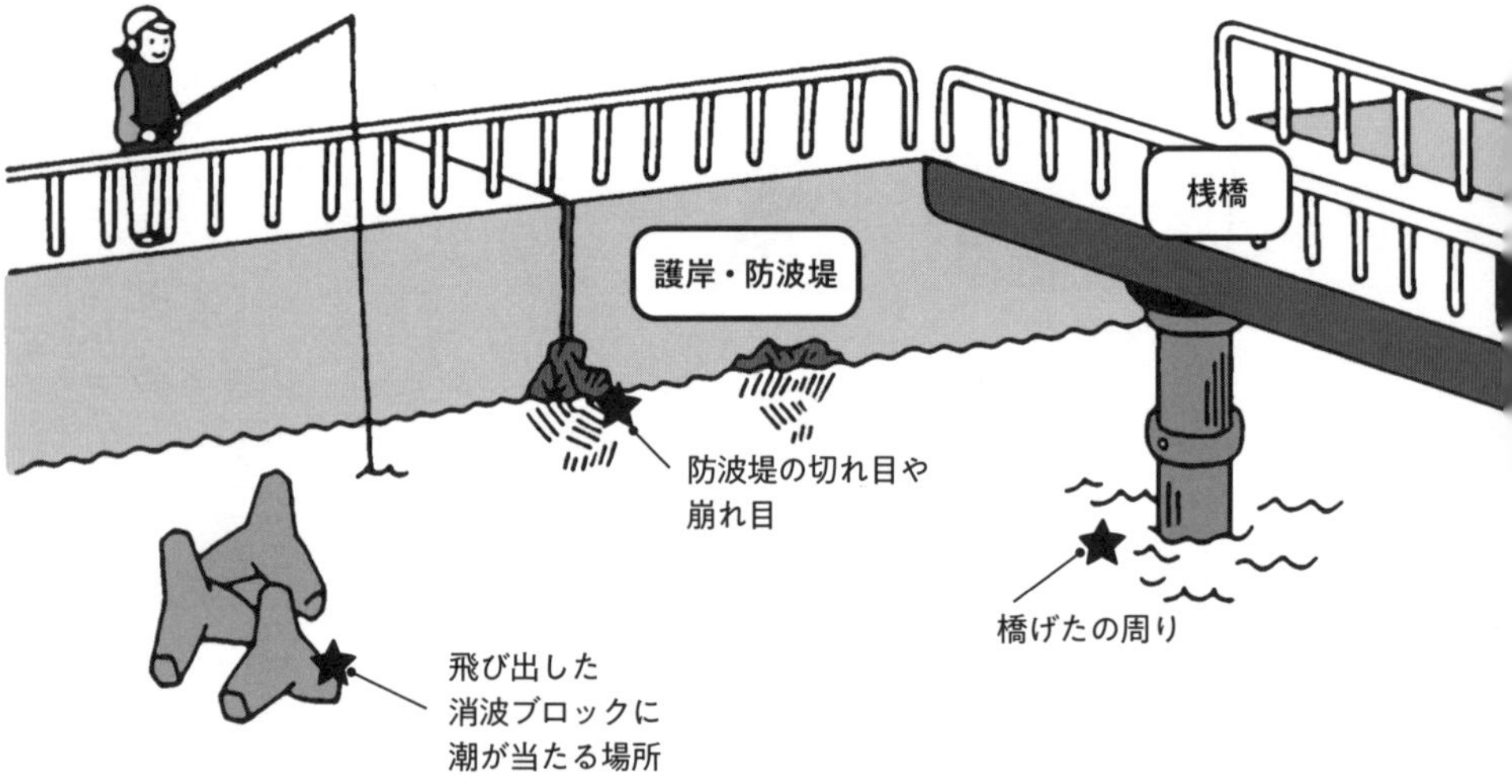

こんなときはやめておこう

釣り場が混雑しているとき

人が多く、釣り場所を自由に選んだり変えたりしづらい釣り場では、向かない。

風やうねりが強いとき

仕掛けの位置が動いてしまい、ピンポイントで落とし込むのが難しい。

lesson2

仕掛けを投入し、誘う

魚のいそうなポイントに仕掛けを投入。軽く竿をあおって、
「在宅の魚」にアピールしよう。

① 仕掛けを投入する

〈ベイルを開ける前〉

人差し指でイトが出ないように押さえておこう。

近くをねらうので投げる必要はない。竿を出して、ベイル（p99）を開けて指を離し、仕掛けを投入。

② 竿を動かして誘う

軽く竿をあおって誘う。魚がいればすぐブルブルッというアタリがあるので慌てずアワセよう。

オモリが底についたら少し巻く

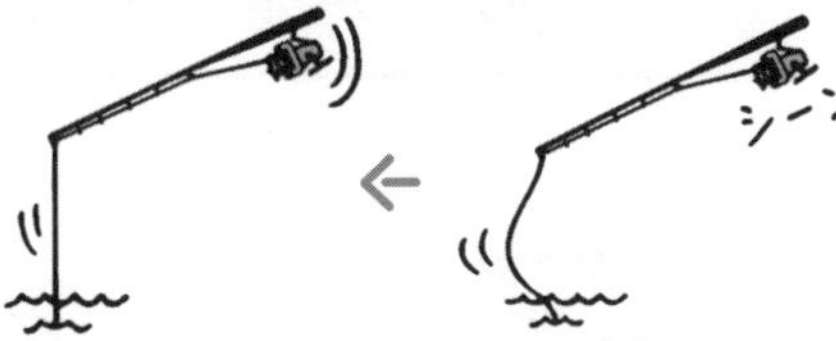

リールが動かなくなって、道糸にたるみが出たらオモリが底についたサイン。

イトが出すぎるとからみやすい。リールを軽く巻き、道糸のたるみ（イトふけ）を取る。

釣れた場所は覚えておこう。
やがてほかの魚が居つくから、
次に来たときもねらえるよ！

サビキ釣り

タイミング次第で おいしい魚を一網打尽！

簡単にできるが タイミングは限定的

まきエサを使って群れを誘い、枝状にハリが付いた仕掛けで釣る「サビキ釣り」。市販の仕掛けセットを使えば簡単に始められ、アジやイワシなど食卓におなじみの魚が釣れるとあって、ファミリーにも人気です。

魚の回遊にうまくタイミングが合えば、初めての釣りでもたくさん釣れる楽しさを味わえます。ただし、回遊がなければ釣果はゼロ。地域や季節によっては、大物を釣るより難しいともいわれます。時期を外さず、釣果情報で確実に釣れているときをねらいましょう。釣れない場合は潔く諦め、根魚などの小物をねらう（p32）といった切り替えも大切です。

初夏から晩秋がねらい目

イワシ

体長5～25cm
4～11月

体長5～30cm
6～11月

アジ

アジやイワシなどの回遊魚は、岸辺に寄る時期が限られるため、いつでもサビキで釣れるわけではない。大体5～11月頃限定の釣りになる。

サビキ釣りの仕掛けと道具

仕掛けセット（カゴと疑似餌付きのハリ6本程度）を使えば、道糸につなぐだけで簡単に準備ができる。

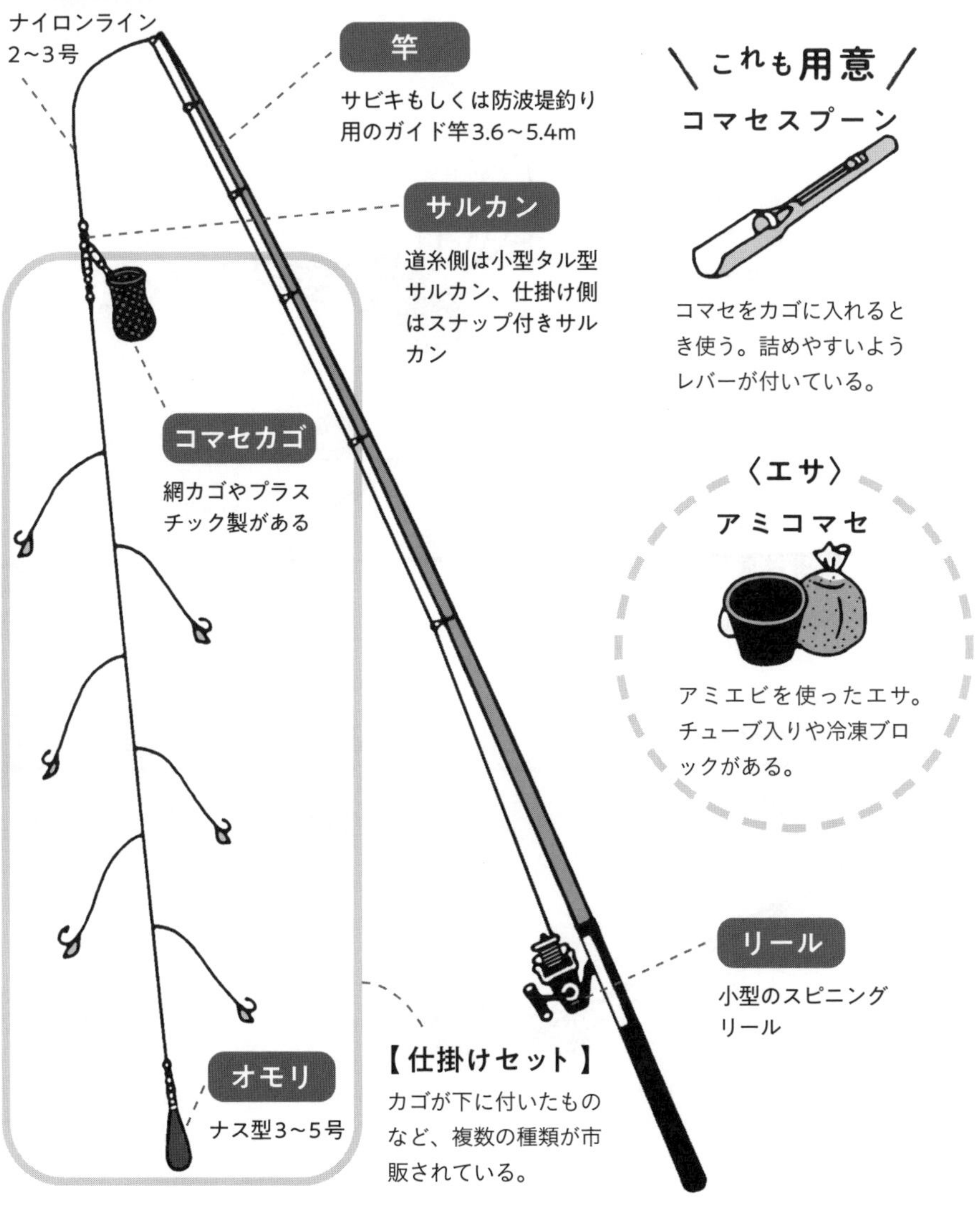

lesson1

エサを仕込んで仕掛けを投入

道糸に仕掛けを取り付けたら、からまないよう注意しつつ、カゴにエサ「コマセ」を詰める。準備ができたら海へ投入！

1 仕掛けをセット

仕掛けを作り、アミコマセをスプーンですくってコマセカゴに詰める。詰め込みすぎず9分目くらいまでに。

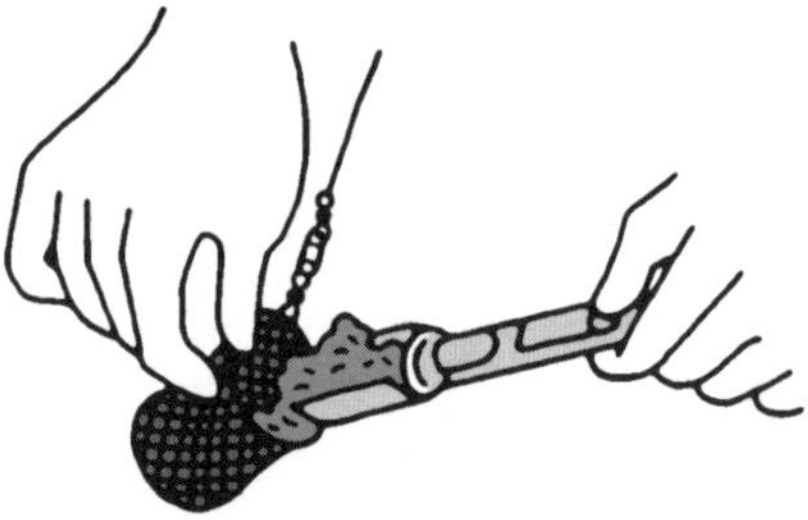

2 仕掛けをセット

利き手で竿を、反対の手でカゴを持つ。ゆっくり竿を立ててカゴをはなし、仕掛けを海上に送り出す。

3 仕掛けを投入

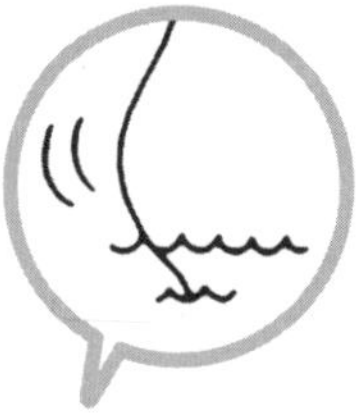

道糸のたるみが出たら、オモリが底についた証拠。ベイルを戻して少し巻き、たるみを取る。

リールのベイルを開けると、オモリの重みで仕掛けが水中に落ちていく。

lesson2

魚を掛けて取り込む

コマセを上手に波間に漂わせ、魚にアピールしよう。アタリがあっても急ぐ必要はない。ゆっくり取り込んで。

1 コマセをまく

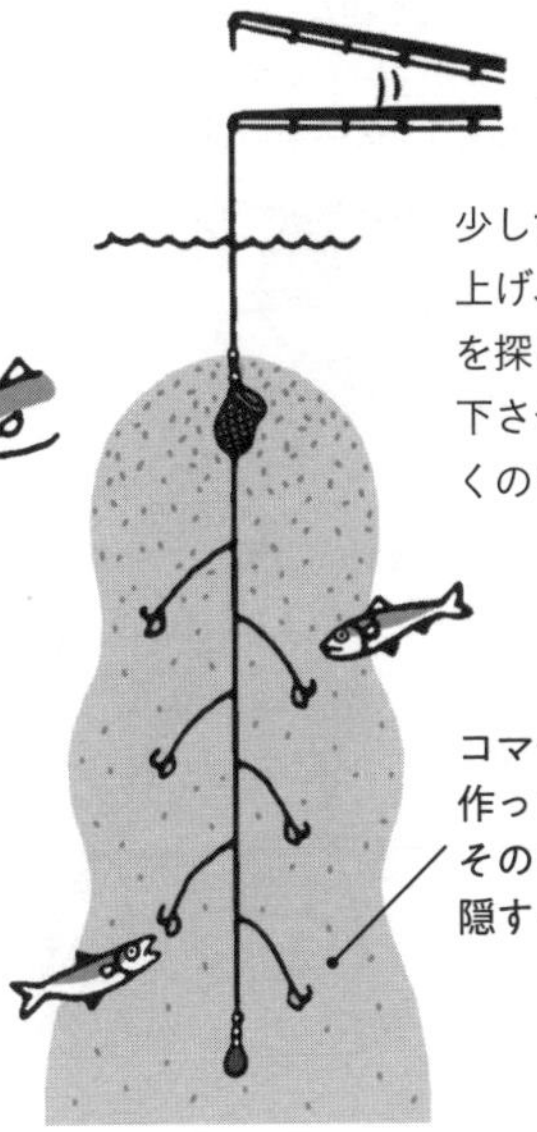

少しずつイトを巻き上げ、魚がいるタナを探る。竿を軽く上下させ、コマセをまくのも効果的。

コマセで煙幕を作って、その中に仕掛けを隠すイメージ

2 アタリが出ても慌てない

ブルブルと振動を感じたら、慌てずゆっくりリールを巻く。魚の活性が高いと、1匹目の動きで揺れた仕掛けに誘われ、ほかの魚が次々掛かることも。

3 魚を取り込んでハリを外す

上から順に外すとイトがからみにくい

利き手でメゴチバサミなどを使って魚をつかむ

道糸を持って陸にあげる。仕掛けの糸を張ったままハリを外す。ハリではなく魚を動かすようにすると外しやすい。

＼覚えて安心／

根がかりを取る方法

水底の岩礁帯や水草など（根）に仕掛けが引っかかる「根がかり」は、初心者ではとくによく起こる。慌てず上手に外そう。

⇧引っ張らず やさしく揺する

軽く突っかかった状態である場合が多い。竿先がわずかに曲がる程度の力で、仕掛けを揺する。

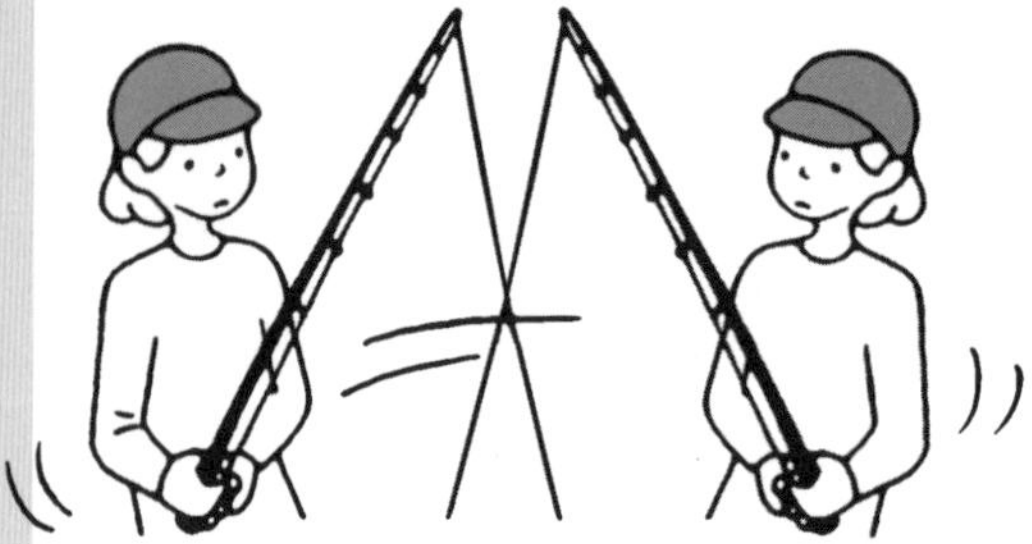

⇧左右に移動して揺する

揺すって外れないなら、立ち位置を変えて揺する。ピンと張ってパッと緩めるのも効果的。

⇨切れるのを覚悟し イトを引っ張る

竿とイトを一直線にして引っ張る。イトは先端の方で切れるので、水中に残る人工物が少ない。

PART 2

散歩やキャンプのついでに釣ろう！

釣りのためにわざわざ遠出したのに、
何も釣れなくてがっかり。
場所や釣れる時間帯がつかめないうちは、
よくあることです。まずは散歩や
ピクニックなどの「ついで」にできる釣りに、
気軽にトライしてみましょう。

川で釣ろう

遠出しなくても外遊びついでに釣れる

渓流型管理釣り場なら初心者も始めやすい

渓流型の管理釣り場を利用すれば、安全かつ手堅く釣れる。キャンプ場やBBQ場を併設している場合も多く、レジャーのついでに楽しめる。

まずは身近な川で！何が釣れるか情報収集

釣りのために遠出したものの、あまり釣れずにがっかり……ということは、初心者にはよくあります。

そこでおすすめなのが、散歩やキャンプの「ついで」に楽しむ川釣りです。川釣りというと「山奥での渓流釣り」をイメージし、ハードルが高く感じられるかもしれません。しかし、実は近所の小川や街、駅からほど近く、アクセスの良い河川などでも、釣りを楽しむことができます。

例えば東日本の川では、上流のイワナやヤマメに始まり、中〜下流ではクチボソやフナ、コイなど魚種が増え、河口近くの汽水域で、海の魚に出会えることもあります。

身近なところから始めよう

まずは近場の川で何が釣れるか、地元の釣り具店やインターネットで情報収集。外遊びのついでに気軽に始めてみよう。

中～下流

近所の川でもいろいろな釣りができる

住宅街に近い中～下流域は、魚種が豊富なエリア。近所の小川や用水路、市街地を流れる川など、散歩を兼ねて身軽に釣り歩くにはおすすめ。

河口

広い空と川を見ながらのんびり釣ろう

淡水と海水が混じり合うため海の魚も対象に入ってくる。川幅も空も広く、のんびりできるので、ピクニックついでに出かけたい。

川で釣ろう

近場だからこそ ルールやマナーが大切

出かける前に禁止事項等を確認

安心して釣りを楽しむためには、出かける前に川釣りのルールを確認しておくことが大切です。

河川ごとに定められる禁漁エリアや禁漁期間、遊漁料は、その川を管理する漁業協同組合（漁協）に事前に尋ねておきます。釣り方の指定や、キャッチ&リリースの基準なども河川ごとに異なります。違反しないよう確認しておきましょう。

また、山奥の渓流と異なり、身近でアクセスの良い川は、人々の生活圏に近いエリアです。散歩やピクニックの「ついで釣り」として訪れる際には、近隣の人に迷惑をかけないよう配慮しながら楽しみましょう。

ご近所への配慮は必須

民家の近くで釣りをするときは、周辺に住む人々に配慮する。環境を荒らさないことはもちろん、騒音や路上駐車などの迷惑行為にも注意して。

川で釣る前にチェック

川釣りのルールは、一律ではなく河川ごとに定められている。
エリアを管理する漁協に確認しよう。

遊漁料はあらかじめ支払う

遊漁券の販売場所

- 河川近隣の釣具店
- コンビニ
- 個人商店

など

遊漁料は、放流や川の管理費用になる。遊漁券（1日券や1年券がある）を、事前に購入しよう。

禁漁エリア&期間を確認

川ごとに禁漁エリアや期間が定められていることが多い。そのエリアを管理する漁協のHPなどでチェックを。

許可されている釣り方を守る

安全や生態系保護のため、釣り方やリリースについて規定があることも。管轄の漁協に問い合わせ、ルールを守ろう。

散歩ついでに

リュックでGO！ ウキ釣りで小魚をねらう

基本テクニックを身につけるのにぴったり

車で遠出しなくても、近所でできる小魚釣り。例えば、田んぼの用水路ではクチボソやマブナ、里や街中の小川ではオイカワを釣ることができます。クチボソやマブナは公園の池やその脇の流れにいることもあり、散歩ついでの釣りにぴったりです。

仕舞寸法が短いのべ竿や練りエサを使えば、リュック一つで出かけられます。さらに対象魚ごとの市販の仕掛けセットを利用すれば、より手軽に楽しむことができます。

小物相手とはいえ、魚のいる場所を読んだり微妙なアタリを見極めたりと、釣りの基本的なテクニックも身につけられます。

小物釣りでも白熱！

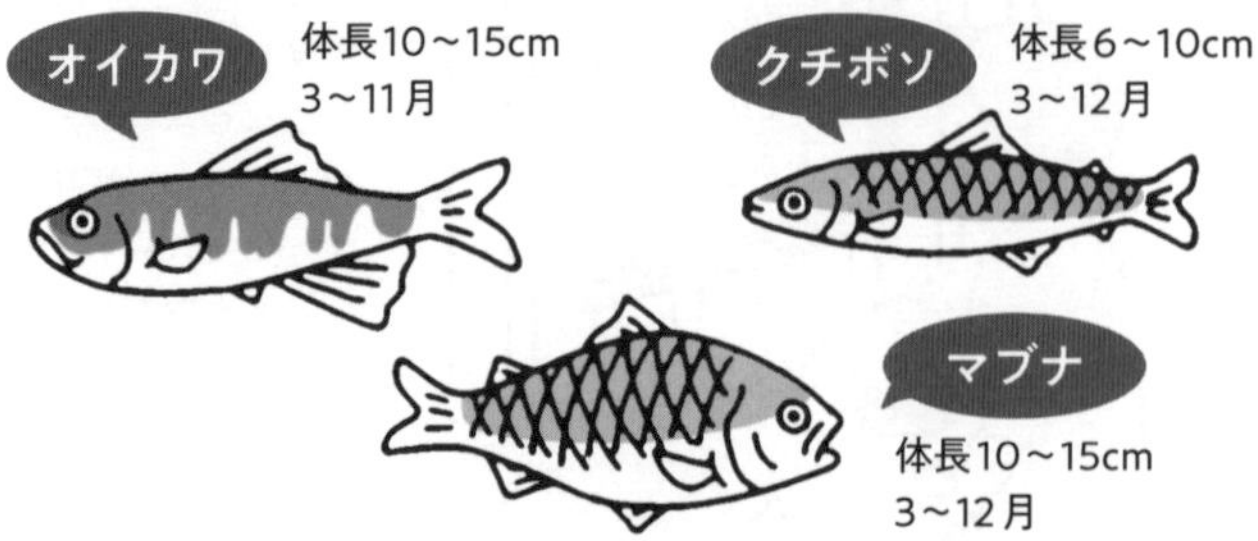

対象は小魚。掛かったかどうかがわかりづらく、繊細なやりとりを楽しめる。釣れたときの感動もひとしお！

小魚釣りの仕掛けと道具

基本は、管理釣り場のウキ釣りの仕掛けと同様。対象が小さいため、ウキとハリも小さく設定する。

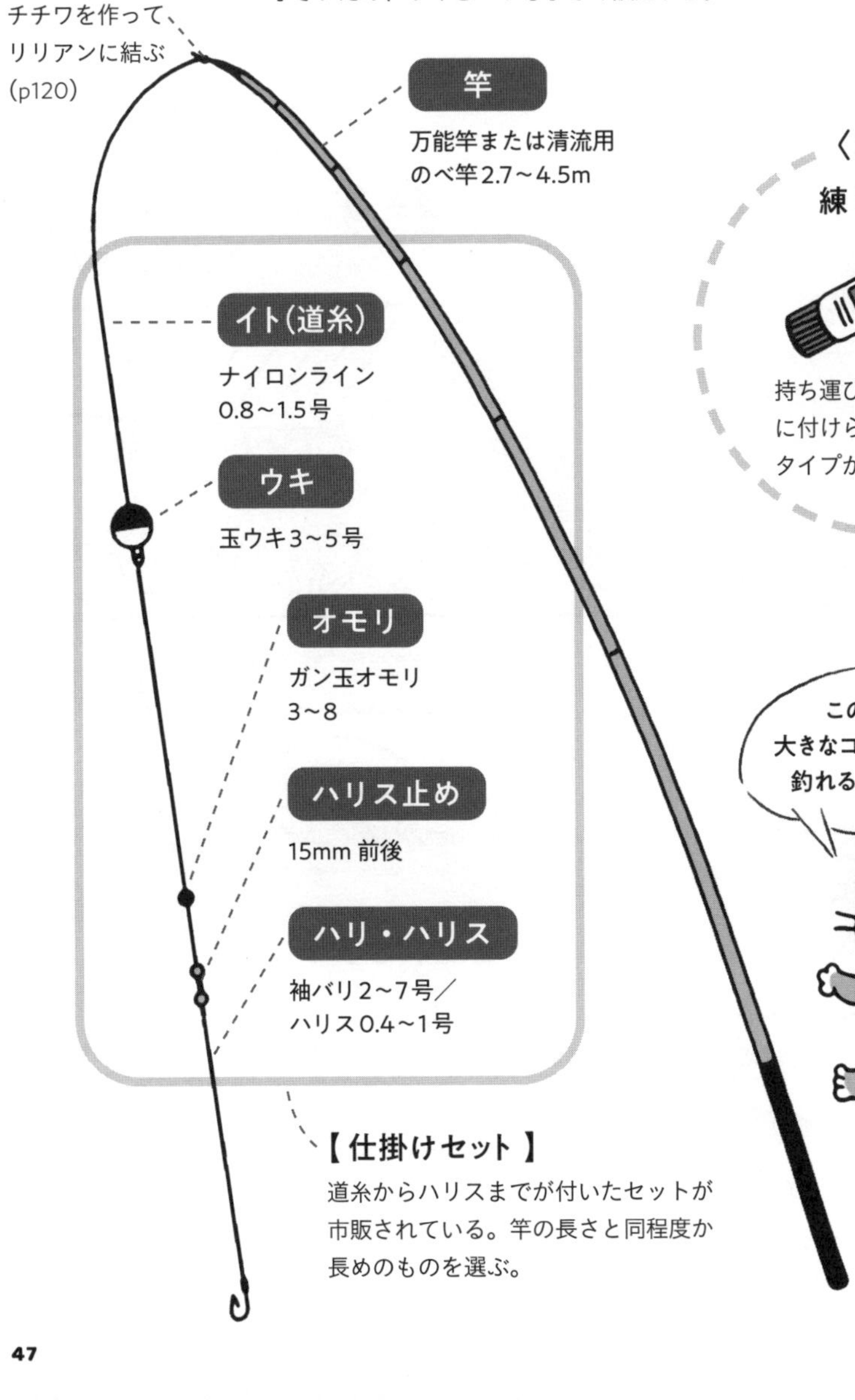

〈エサ〉

練りエサ

持ち運びやすく、手軽に付けられるチューブタイプがおすすめ。

lesson1

釣れるポイントを探す

流れに変化がある場所をねらう

障害物の周りやかけ上がり（水深が浅くなっているところ）など、エサが豊富で魚が身を隠しやすい場所をねらおう。

対象魚の「タナ」もチェックしよう

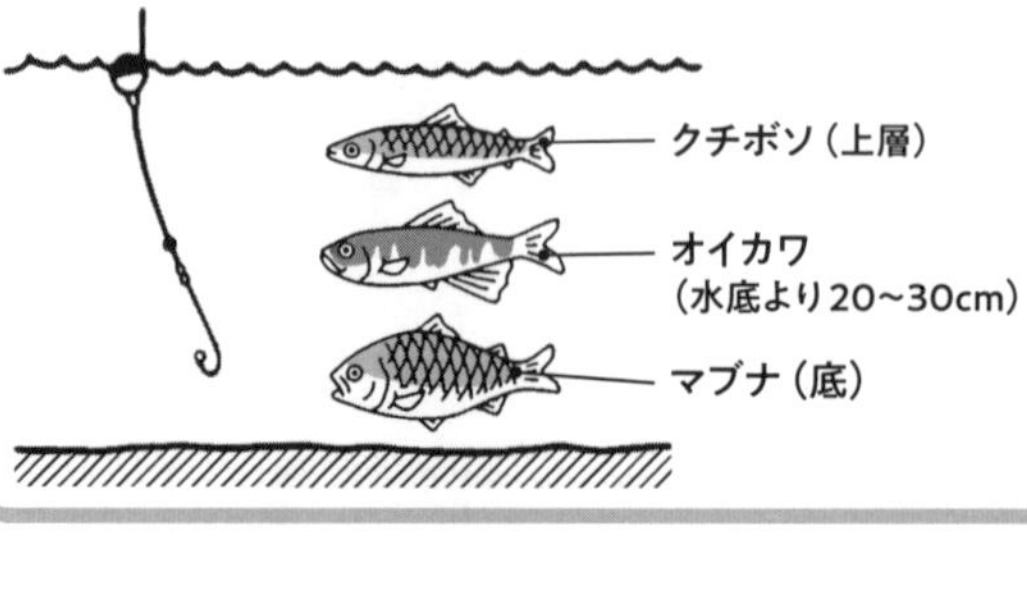

生息域は、底から順に、マブナ、オイカワ、クチボソとなる。オモリの重さを変え、エサを留める位置を調節しよう。

郵 便 は が き

お手数ですが、
切手を
おはりください。

1 5 1 0 0 5 1

東京都渋谷区千駄ヶ谷 4-9-7

(株) 幻 冬 舎

書籍編集部宛

ご住所 〒

都・道
府・県

フリガナ

お名前

メール

インターネットでも回答を受け付けております
https://www.gentosha.co.jp/e/

裏面のご感想を広告等、書籍の PR に使わせていただく場合がございます。

幻冬舎より、著者に関する新しいお知らせ・小社および関連会社、広告主からのご案内を送付することがあります。不要の場合は右の欄にレ印をご記入ください。 不要 □

本書をお買い上げいただき、誠にありがとうございました。
質問にお答えいただけたら幸いです。

◎ご購入いただいた本のタイトルをご記入ください。

『　　　　　　　　　　　　　　　　　　　　　　　　　　　　　　』

★著者へのメッセージ、または本書のご感想をお書きください。

●本書をお求めになった動機は？

①著者が好きだから　②タイトルにひかれて　③テーマにひかれて
④カバーにひかれて　⑤帯のコピーにひかれて　⑥新聞で見て
⑦インターネットで知って　⑧売れてるから／話題だから
⑨役に立ちそうだから

生年月日	西暦　　　年　　　月　　　日（　　　歳）男・女			
ご職業	①学生	②教員・研究職	③公務員	④農林漁業
	⑤専門・技術職	⑥自由業	⑦自営業	⑧会社役員
	⑨会社員	⑩専業主夫・主婦	⑪パート・アルバイト	
	⑫無職	⑬その他（　　　　　　　　　）		

ご記入いただきました個人情報については、許可なく他の目的で使用することはありません。ご協力ありがとうございました。

lesson2

魚に合わせて工夫して釣る

対象魚によって特徴があり、タナも異なる。相手に合わせて柔軟に釣り方を工夫しよう。

マブナ

底にエサをはわせるように

「マブナは底を釣る」ともいわれる。底付近をはわせるようにエサを流す。アタリがなければ浅いところに向かって、丁寧に探ろう。ウキのわずかな変化を見逃さずにアワセを入れて。

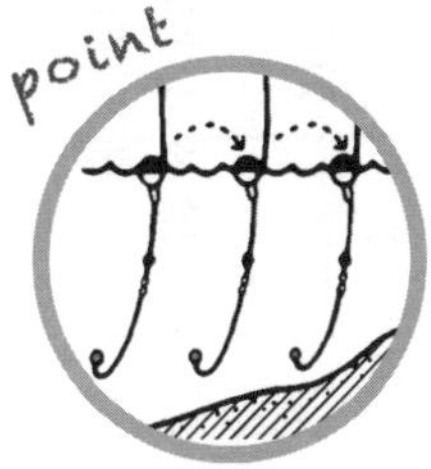

浅いところへ向かって少しずつ探っていく

クチボソ

岸際から順番に探っていく

「エサ取り名人」の異名を持つので、エサは小さめに。岸際の浅いエリアから探り、ウキが沈み込んだらアワセを入れる。群れをなしているので、１匹釣れれば同じ場所で数釣りが期待できる。

練りエサは小さめに付けると取られにくい

玉ウキの上部だけ出るくらいにオモリを調節

オイカワ

流れに変化がある場所をねらう

流れの速いところの脇やかけ上がりがねらい目。ウキの浮力がありすぎるとアタリを見逃しやすい。上部が軽く出るくらいに調節する。上流から下流へ自然に流し、アタリが出たら素早くアワセて。

ピクニックついでに

近所の川で遭遇！淡水魚の王者と大格闘

ユニークな仕掛けで親子で力を合わせて対抗！

日本全国の淡水に広く分布しているコイ。20年以上生きる長寿の魚で、最大で1mを超えることも。「淡水魚の王者」とも呼ばれる人気の釣り物です。大物になると引きが強くやりとりが大変ですが、雑食性で比較的釣りやすい魚です。親子で気軽に挑戦してみてください。

いろいろな釣り方ができますが、なかでもおすすめは「吸い込み仕掛け」。吸い込むように食べるコイの習性を利用し、エサと一緒にハリを吸い込ませます。おにぎりのように握った大きな寄せエサが特徴的。仕掛けを振り込んだ後はのんびり待ち続けるスタイルで楽しみます。

雑食性で釣りやすい魚

対象は「野ゴイ」。基本的に雑食性で好奇心旺盛なので釣りやすい。決まったコースを回遊している。大物だと引きも強い。

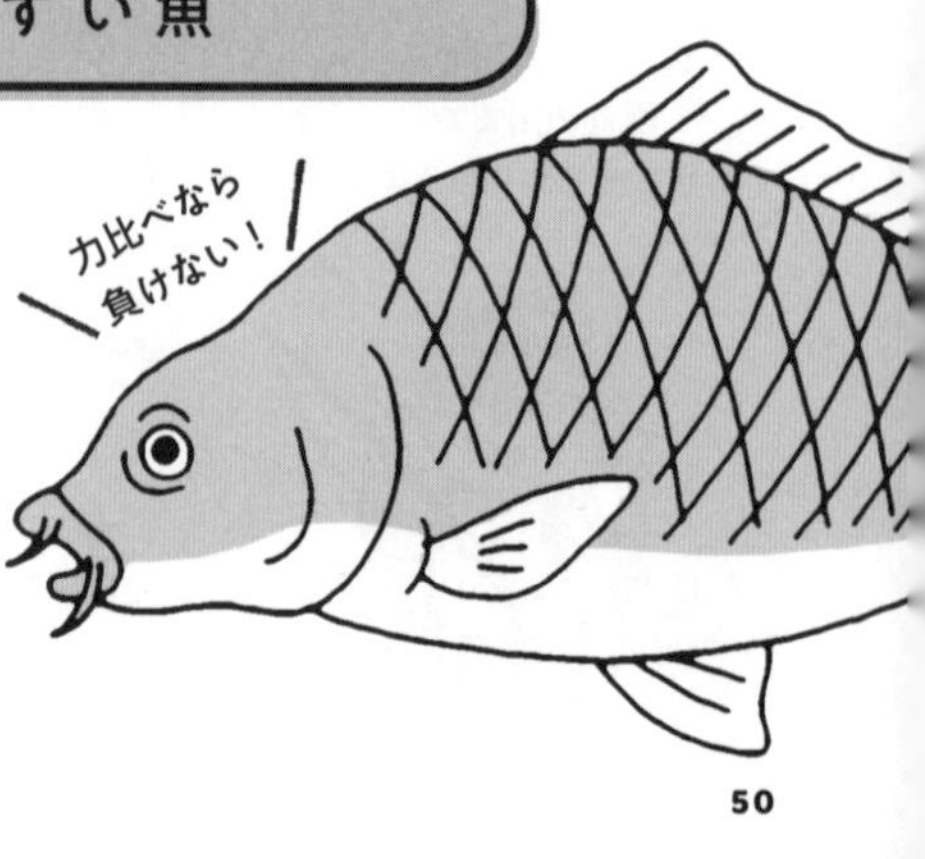

コイ

体長30cm～1m

吸い込み釣りの仕掛けと道具

仕掛け投入後はアタリを待つのみ。同じ仕掛けを複数用意する釣り人もいる。まずは１～２セットから始めよう。

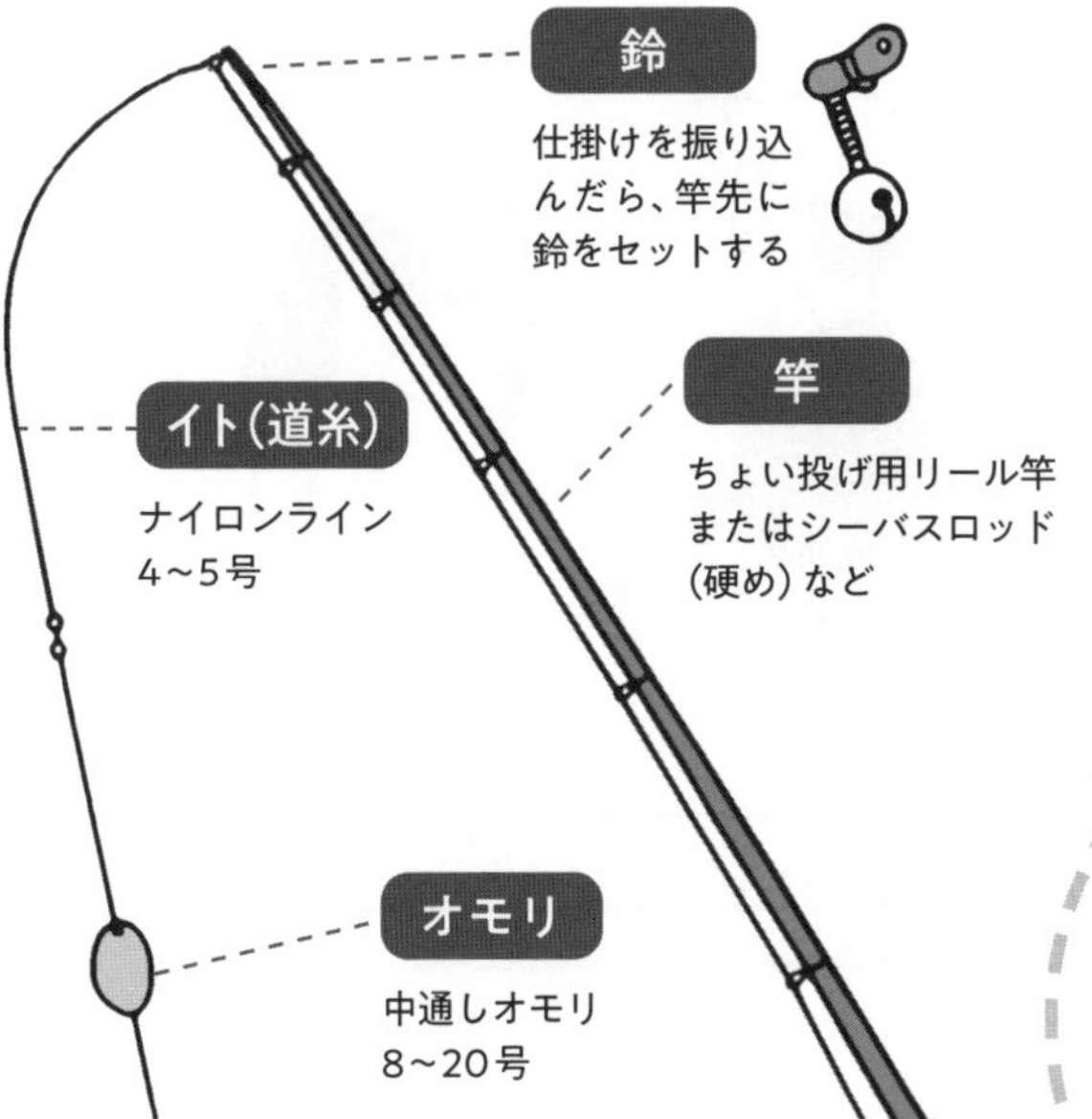

＼これも用意／

タモ網

大物を取り込む際の必需品。十分に寄せてからすくい上げる。

〈エサ〉

寄せエサ　＋　付けエサ

ダンゴ状に付ける寄せエサとハリ先に付けるエサ。共に市販品を利用。

lesson1

釣れるポイントを探す

地元の釣り具店での情報収集がカギ

一つのポイントをねらうため場所選びは大切。基本は障害物周りやかけ上がり。回遊ルートなどもあるので釣り具店などで情報収集した方が効率が良い。

lesson2

エサを付ける

らせん状のパーツには寄せエサをダンゴ状に付け、飛び出た下方のハリには付けエサを掛ける。

1

練りエサを丸めた後二つに割り、らせん状の仕掛けを挟んで握り込む。

2

ハリ先が外側を向くように、ダンゴエサの中に埋め込む。

3

下から出ているハリに、付けエサを付ける。

lesson3

じっくり釣る

1 仕掛けを投入する

ねらったポイントに振り込む。エサの着水音で魚を寄せる効果も。

2 ひたすら待つ

道糸を少し巻き取り、竿先に鈴を付ける。竿立てにセットし、のんびりアタリを待つ。

3 じっくりアワセる

鈴が鳴っても慌てず、引き込むようなアタリを待って大きくアワセる。無理に取り込もうとせず、8の字を描くように誘導して体力を奪う。

4 取り込む

口が水面に出るまで浮かせ、魚が観念したらタモ網で取り込む。

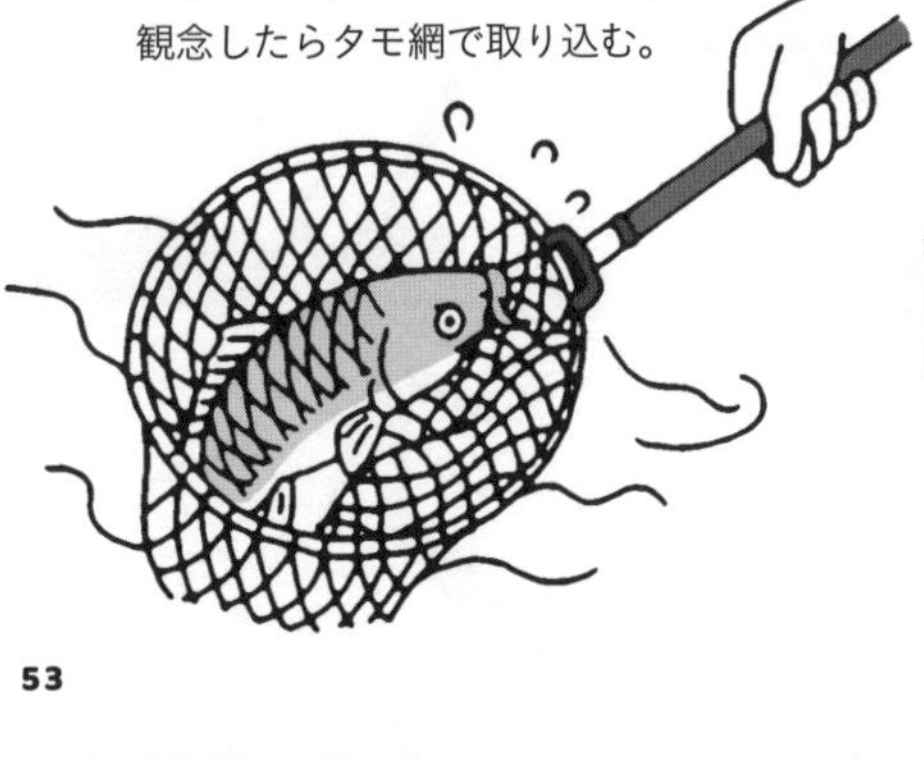

ピクニックついでに

雨の日も楽しい 涼しい日陰でエビ釣り

アタリがあっても慌てず じっくり慎重に釣ろう

下流や河口など、街からほど近い汽水域で手軽に楽しめるとあって、人気の「テナガエビ釣り」。コンパクトな仕掛けで浅場をじっくりねらうため、大人も子どもも始めやすい釣りの一つです。河川敷でピクニックがてら、ポイントを探ってみましょう。橋げた下なども絶好の釣り場になるので、雨天の日も楽しめます。

テナガエビは安全な場所にエサを運んでから食べる習性があります。アタリがあってもすぐにアワセず、ゆっくりと釣り上げるのがコツ。

たくさん釣れた後は、素揚げにしておいしく食べられるという楽しみもあります。

河口でエビの巣穴をねらう

体長よりも長くなる脚が特徴。本州の汽水域に広く分布し、河川で成長・産卵する。梅雨～夏にかけてがベストシーズン。

テナガエビ

体長5～20cm
6～10月

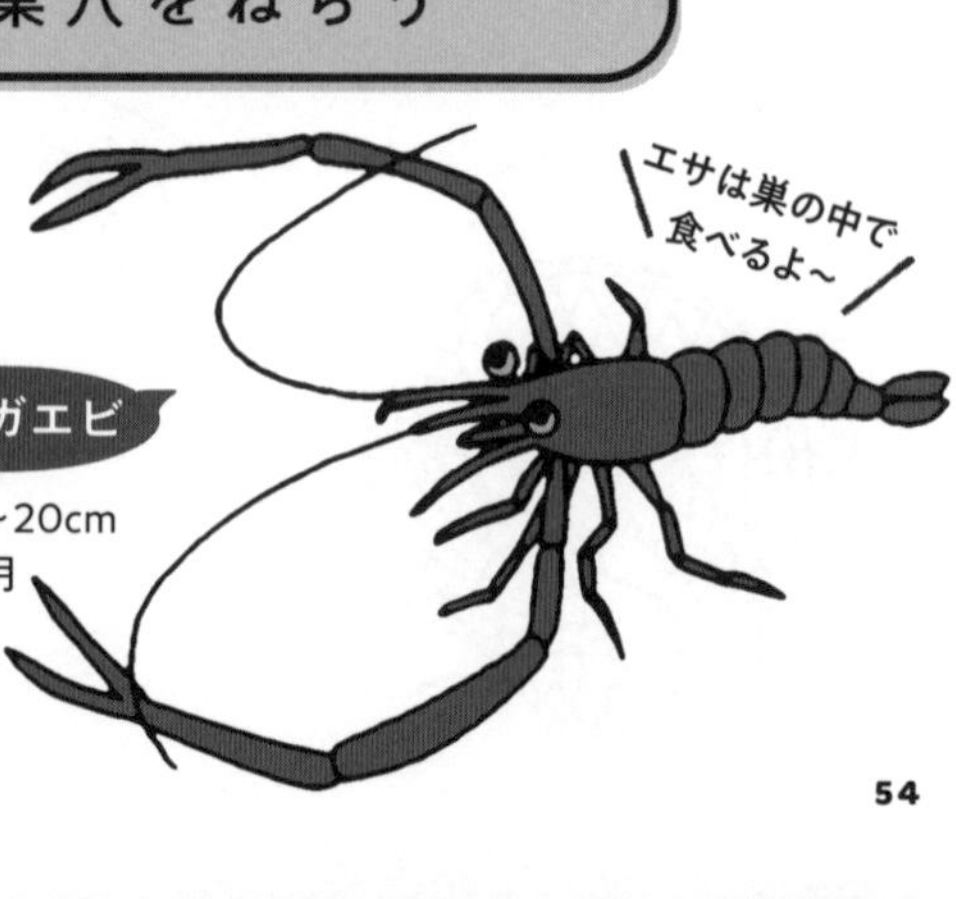

ウキ釣りの仕掛けと道具

テナガエビならではの仕掛けもあるが、基本的なウキ釣り仕掛けの方が始めやすい。

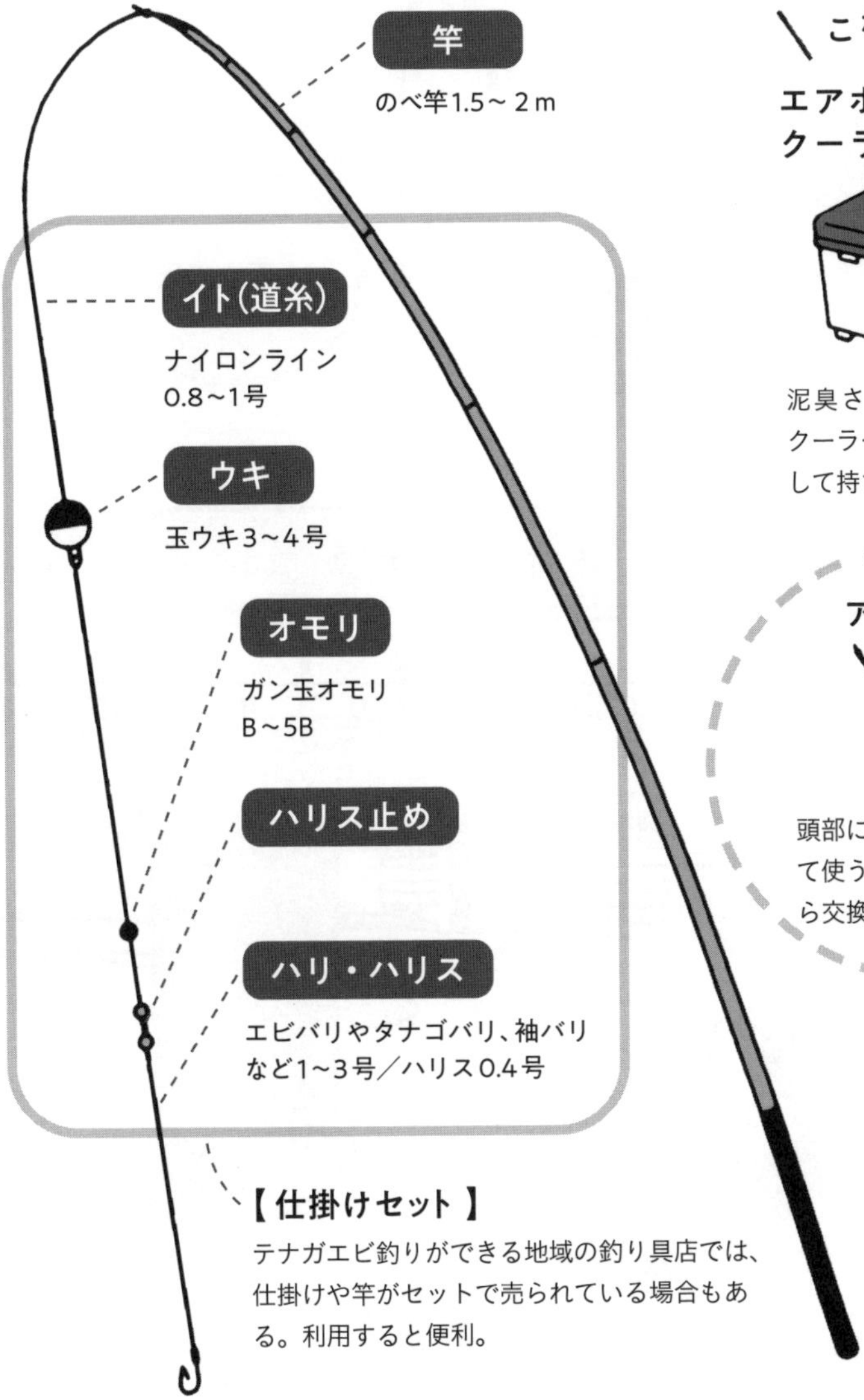

【 仕掛けセット 】

テナガエビ釣りができる地域の釣り具店では、仕掛けや竿がセットで売られている場合もある。利用すると便利。

＼これも用意／

エアポンプ付きのクーラーボックス

泥臭さを抑えるために、クーラーボックスで生かして持ち帰ろう。

〈エサ〉

アカムシ

頭部にチョン掛けにして使う。赤色が抜けたら交換する。

lesson1

釣行日を厳選しよう

汽水域で釣るので潮回りも考慮

汽水域なので、潮回りも考えて釣行日を決めよう。時間帯や天候も重要なポイント。右のような条件だと比較的よく釣れる。

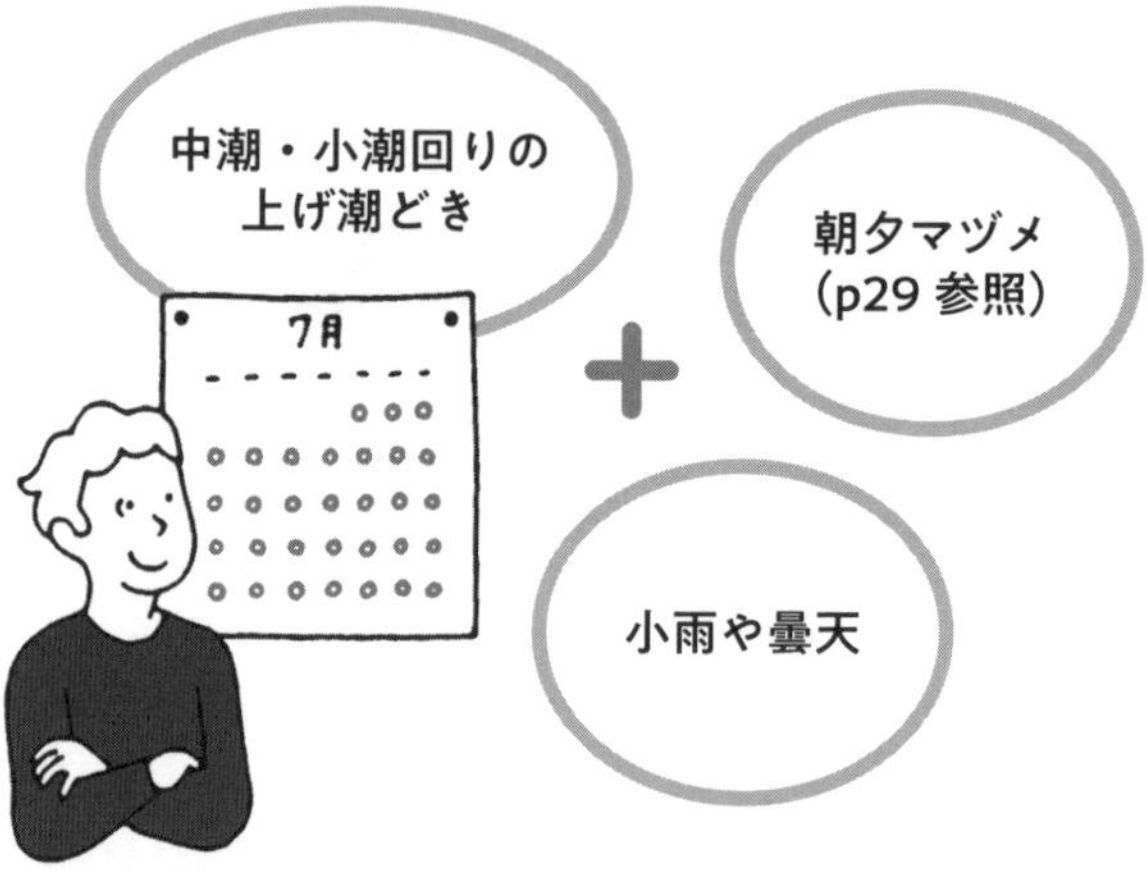

lesson2

釣れる場所を探そう

エビが潜めそうな物陰をねらう

流れの緩む浅い場所、障害物周りが基本。消波ブロックの周辺では、隙間からエサを落とし込むようにしてねらう。

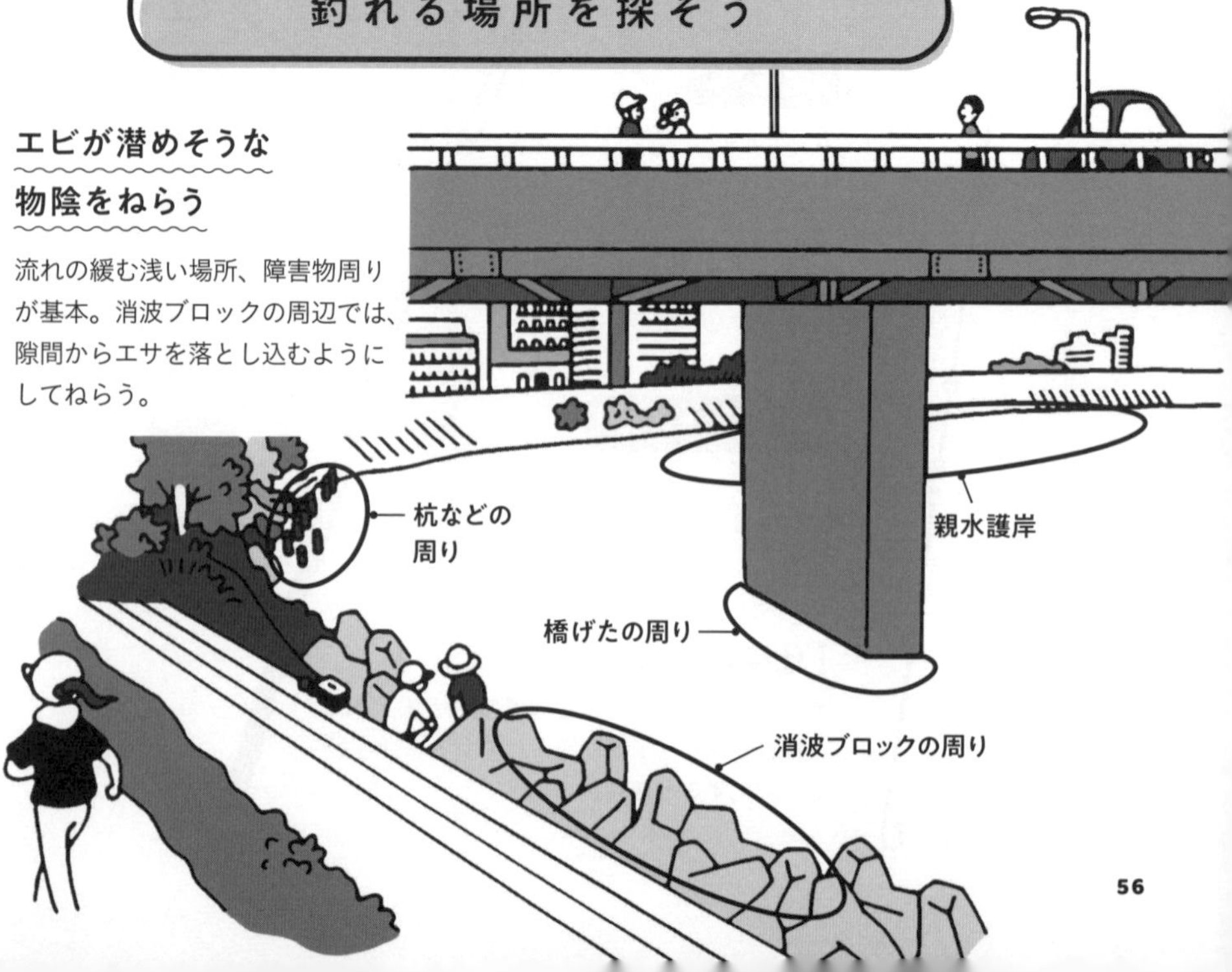

lesson3

エビの習性を考えて慌てず釣ろう

1 仕掛けを投入する

ねらったポイントに仕掛けを落とし込む。ウキが少し沈み、オモリが底につくように調整しておく。

2 ウキに反応あり！

上下左右に動いたり、スッと横に移動。この段階ではハサミでエサをつかんで巣穴に移動しているところ。

3 ウキが止まったら

エサを持って巣穴にたどり着いたところ。エサを食べ始めるまで、10秒ほど数えてじっくり待つ。

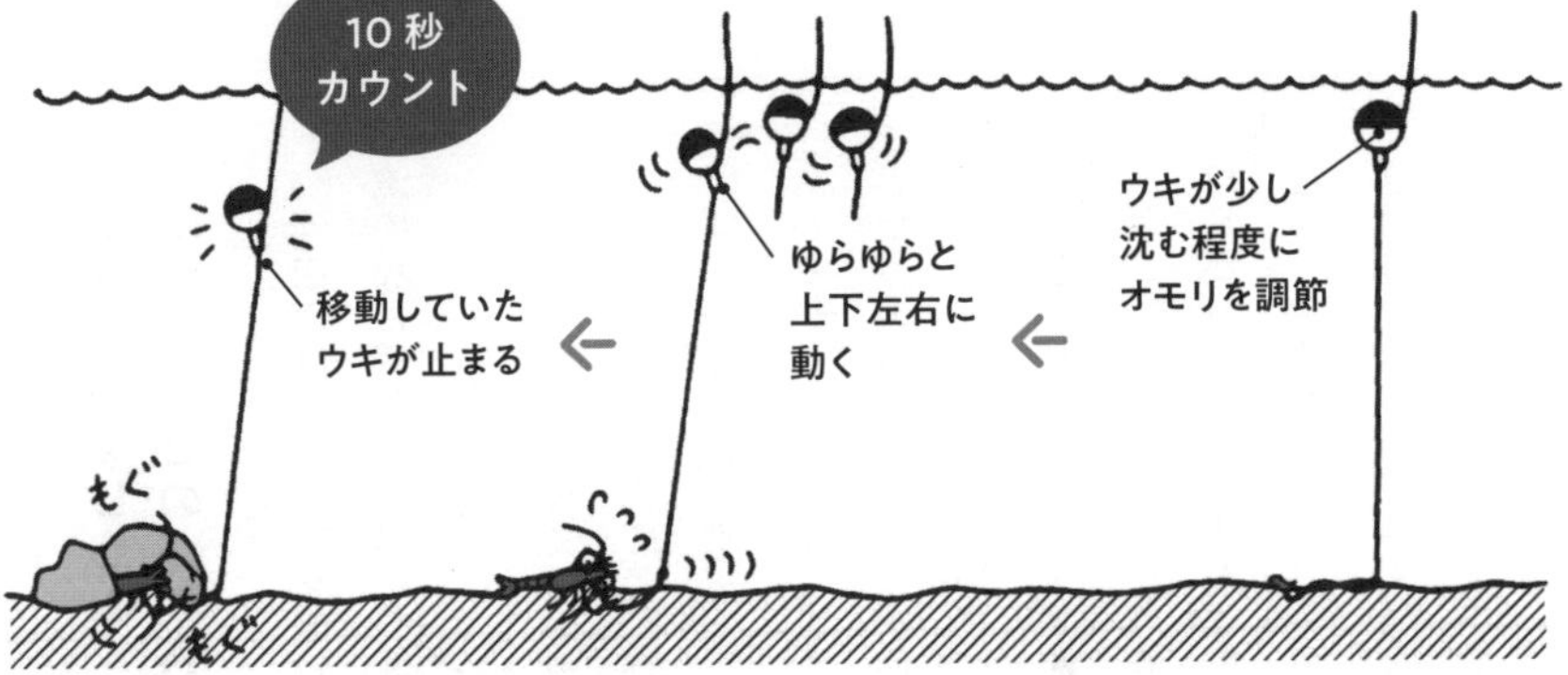

4 竿を少し上げる

いきなりアワセず、まずは様子を見る。10cmほどそっと引き上げ、エビの反応を観察する。

5 ハリ掛かり！

巣穴にバックしようとする強い引きを感じたら、ハリが掛かった証し。ゆっくりとさらに引き上げる。

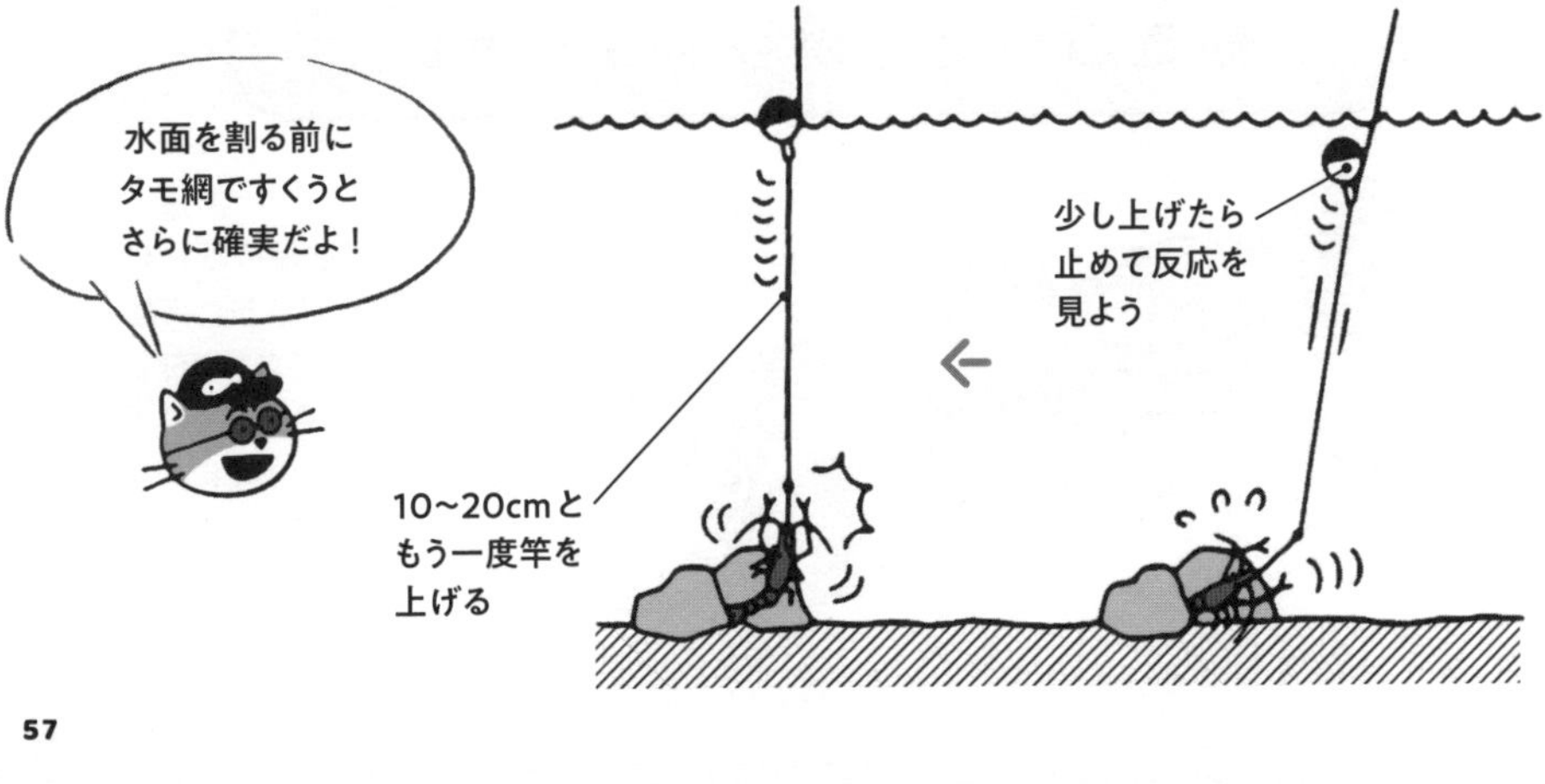

ピクニックついでに

広々とした河口でのんびりとハゼ釣り

長い期間楽しめる手軽なハゼのウキ釣り

河口のほか、街中を流れる下流域、湾内など、身近なポイントで広くねらうことができる「マハゼ」。川も空も広大な河口域でのハゼ釣りは、ピクニックついでにのんびり楽しむにはもってこいです。

ハゼ釣りには、「クランクベイト」という丸っこいルアーを使った釣りや、ミャク釣り（p76）など、さまざまな釣り方がありますが、誰でも気軽に始められるという点ではウキ釣りがおすすめ。仕掛けを振り込んだら、かすかなアタリを見逃さないようにしっかり集中します。アタリがないようならポイントを変更。どんどん移動して探ってみましょう。

好奇心旺盛だから釣りやすい

ハゼ

体長10〜15cm
7〜12月

シーズン最盛期の秋には15cmほどまで成長。海底で、下を向いてエサを探している。好奇心旺盛で、活性が高いときはすぐにエサに飛びつくので、仕掛けを振り込んだ直後が勝負。

ウキ釣りの仕掛けと道具

年齢を問わず楽しめるウキ釣り。アタリが繊細なので、
ウキは感度の高い「棒ウキ」（p102）でも良い。

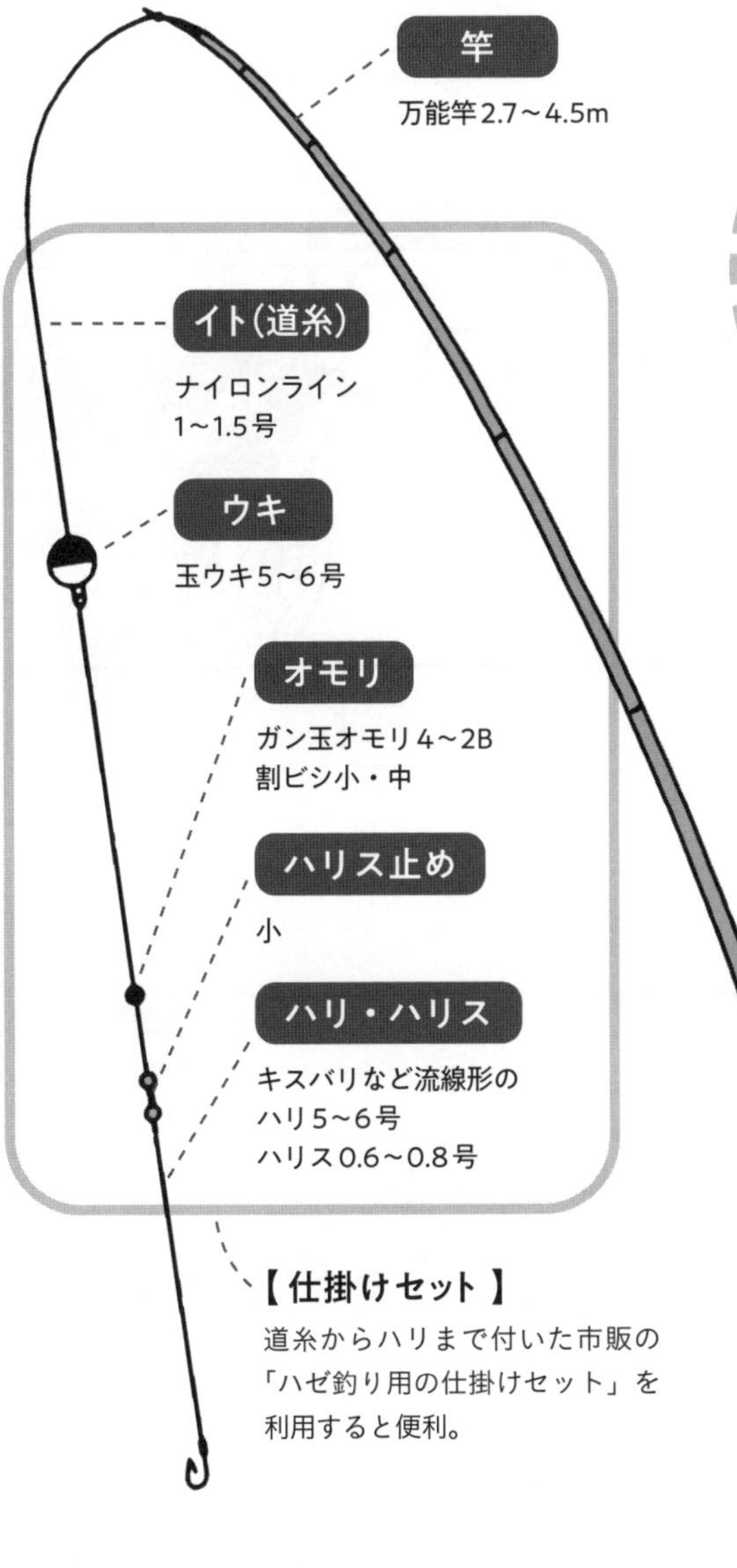

【 仕掛けセット 】

道糸からハリまで付いた市販の
「ハゼ釣り用の仕掛けセット」を
利用すると便利。

〈エサ〉

アオイソメ

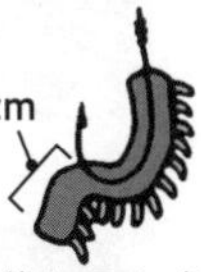

よく釣れるときは頭側、
アタリがなければ後ろの
方をちぎって付ける。

lesson1

釣れる場所を探す

河口付近の障害物の陰を探ろう

夏は底が見える浅場でも釣れるが、水温が下がると釣れる水深も深くなる。潮にのって動くため、潮の干満も確認して場所を決める。

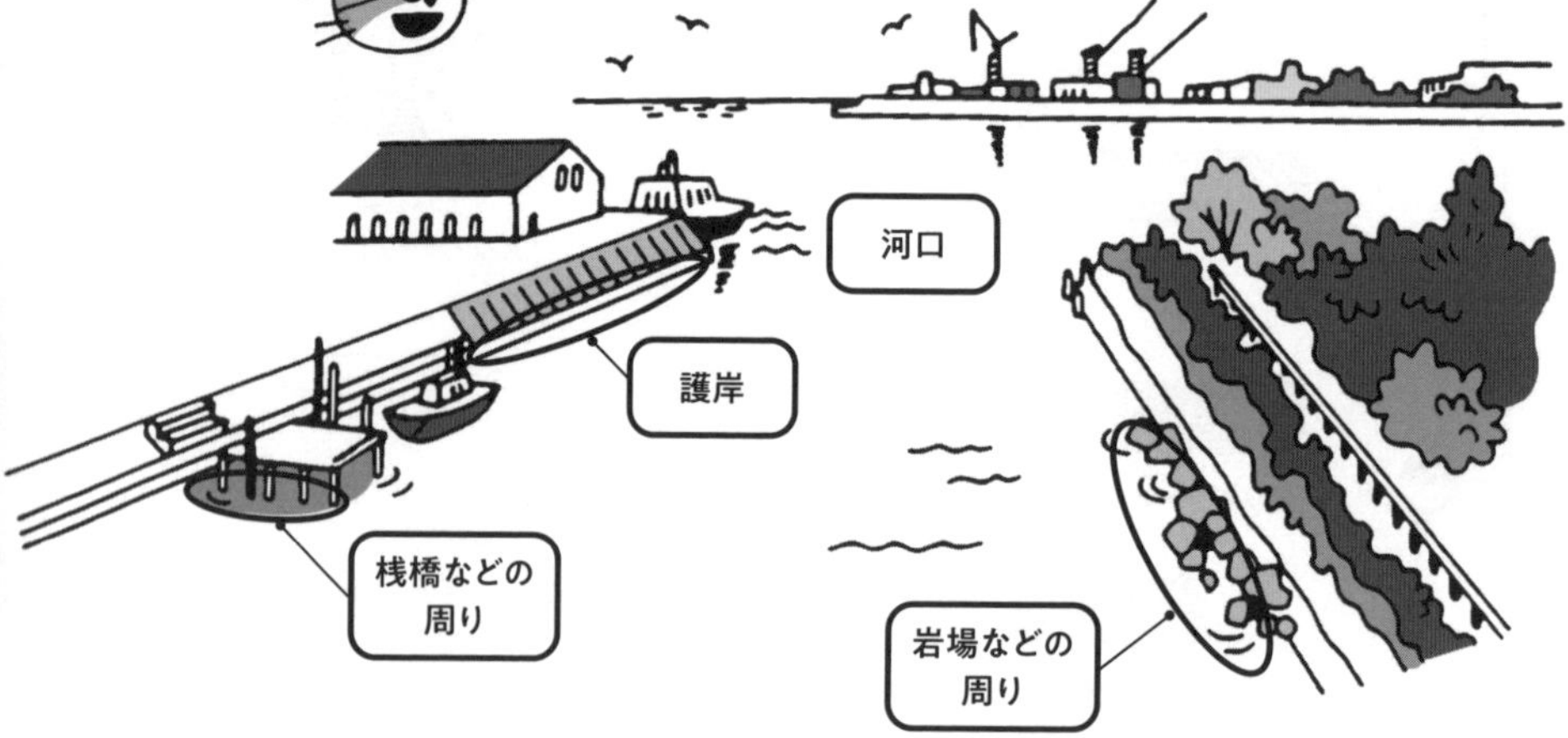

ハゼは潮の上げ込みにのって活発に動く

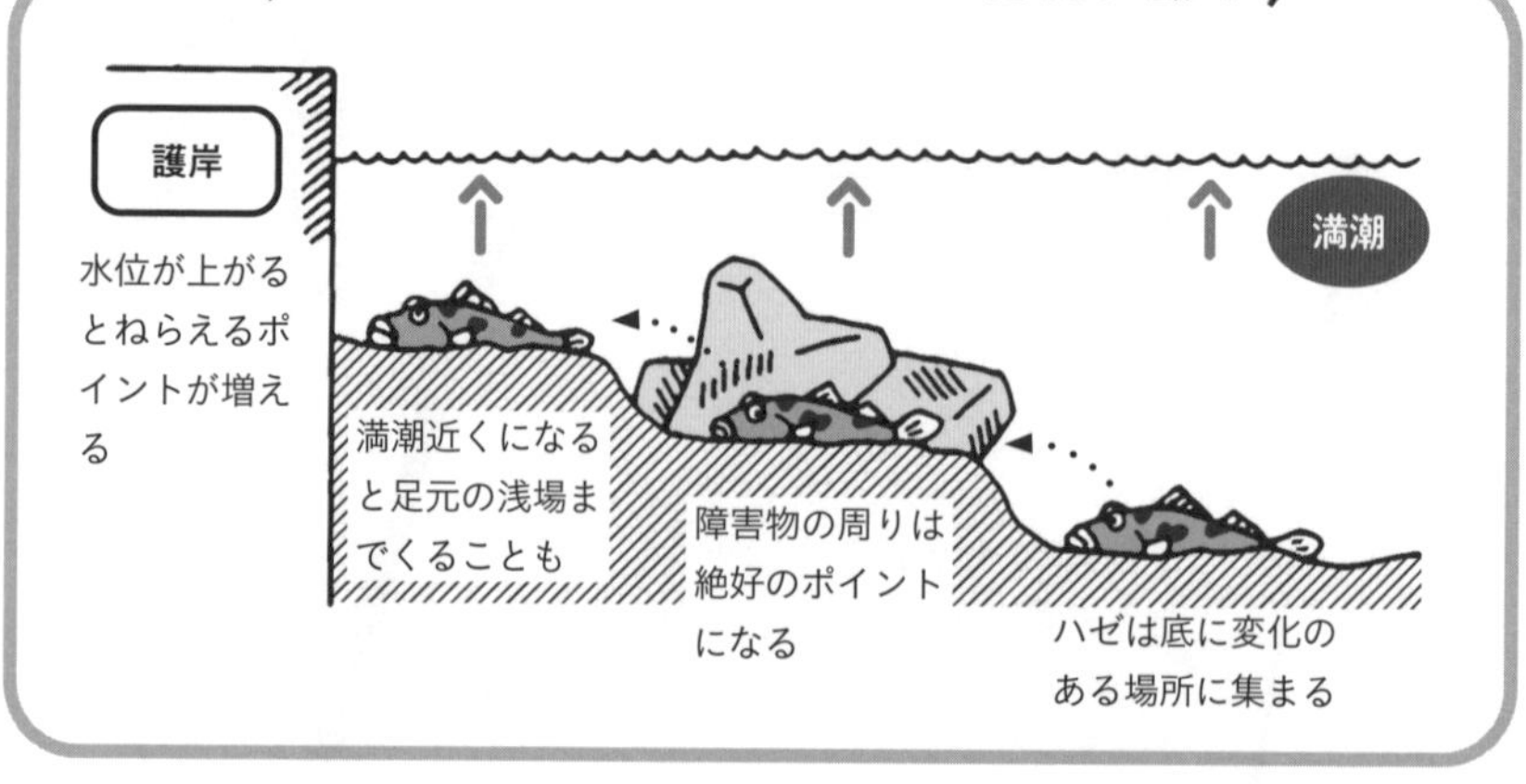

Lesson2

仕掛け投入直後が勝負！

1 仕掛けを投入する

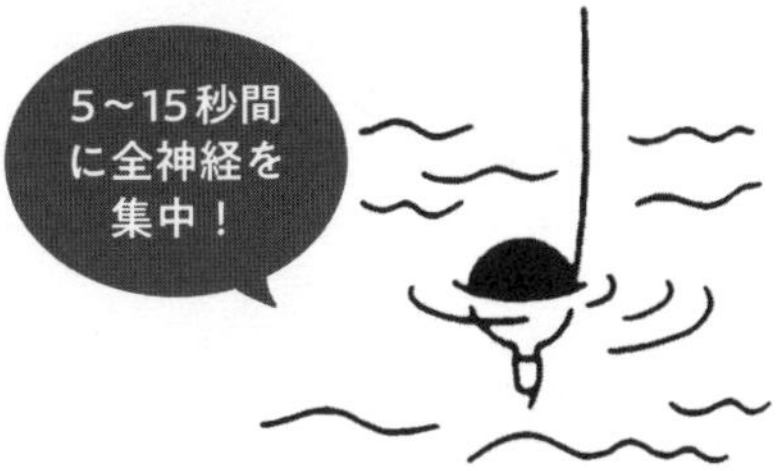

活性が高いとすぐに食いつくので、振り込み直後が勝負。オモリが底につくと同時にイトのたるみを取り、アタリを逃さないよう集中。

2 誘ってみる

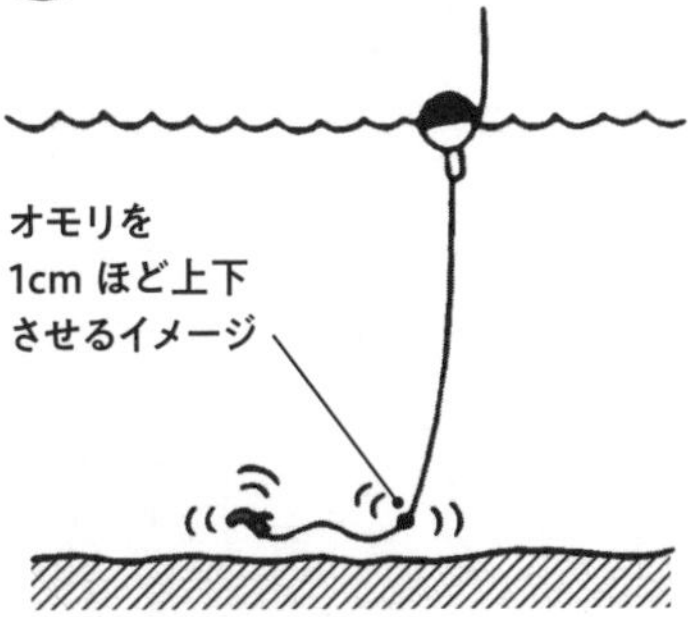

アタリがなければ竿を操作してエサを動かし、ハゼを誘おう。底についたオモリをわずかに上下させるように竿を動かす。

3 アタリを見逃さない

ちょうどエサをくわえたところ

くわえて逃げようとしているところ

上右の段階ではすでにハゼが逃げようとしていることが多い。それより前の左の段階で、変化を見逃さずにアワセを入れるとハリを掛けやすい。

覚えておこう！ 誘い → エサを動かすことで魚の好奇心をくすぐるワザ。

キャンプついでに

管理釣り場で ルアーフィッシング

エサ釣りよりもシンプルな道具が魅力

少し遠出して釣りをしてみたいなら、キャンプのついでに近くの管理釣り場（ｐ18）へ行ってみましょう。自然のフィールドでの渓流釣りよりも簡単かつ安全に、ニジマスやヤマメなどの川魚釣りが楽しめます。

管理釣り場ではウキ釣り（ｐ20）も良いですが、ルアー釣りもおすすめです。仕掛けがシンプルで生きエサの調達も必要ないため、準備が簡単。道具を一揃い用意しておけば、好きなタイミングで釣りができます。

ただし、ルアーで釣った魚はリリース（放流）する釣り場もあるので、釣った魚をキャンプで食べたいならあらかじめ確認しておきましょう。

止水タイプの釣り場で釣ろう

初めてのルアー釣りなら、水深があって投げやすい「止水タイプ」の管理釣り場へ。流れのある場所をねらう。受付の際に釣果がある場所を尋ねるのも良い。

ルアー釣りの仕掛けと道具

エサ釣りよりも簡単に用意できるのが、ルアー釣りの魅力。スナップを使えば、ルアーの付け替えも簡単。

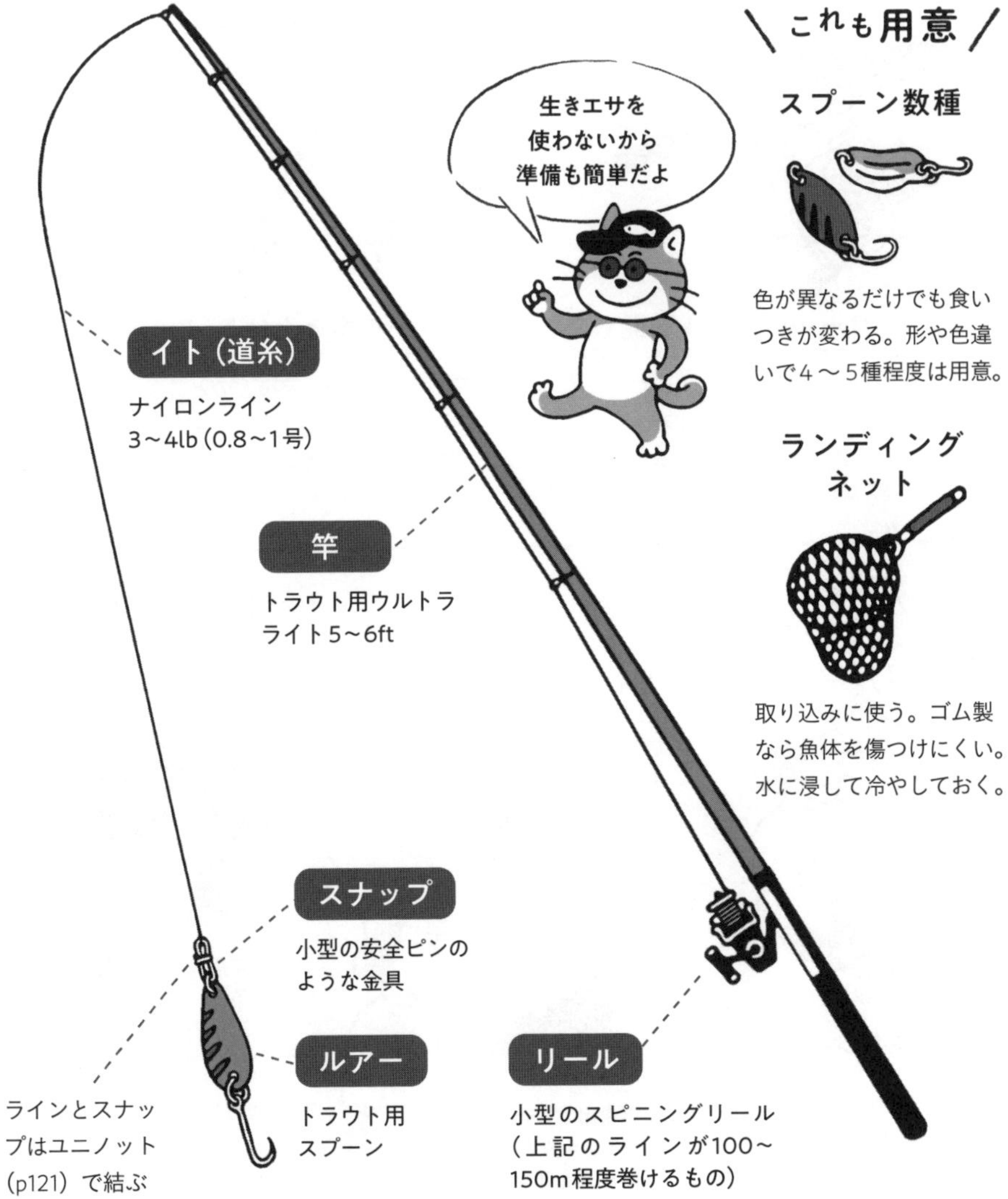

＼これも用意／

スプーン数種

色が異なるだけでも食いつきが変わる。形や色違いで4～5種程度は用意。

ランディングネット

取り込みに使う。ゴム製なら魚体を傷つけにくい。水に浸して冷やしておく。

lesson1

ルアーを投げる

仕掛けを遠くに投げる（キャスト）にはコツが必要。管理釣り場ならキャストの練習場としてもぴったり。

1 準備する

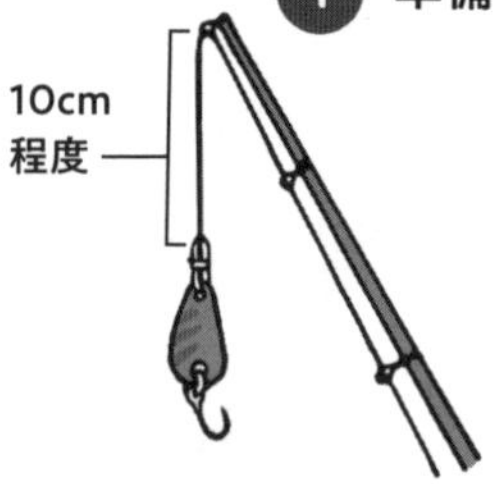

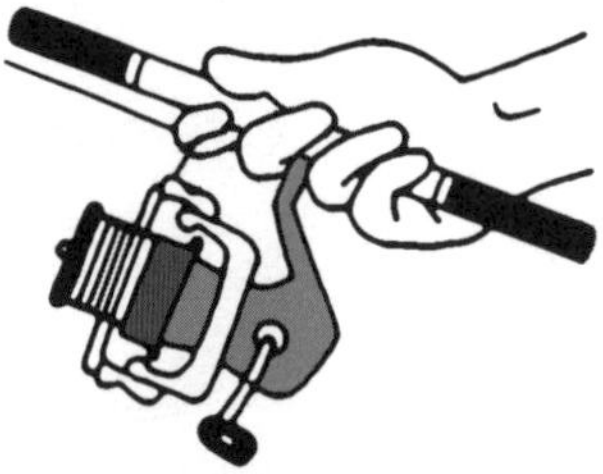

ルアーを巻き上げる

竿の先端から10cmほどのところにルアーがくるように、イトを巻き上げておく。

リールのベイルを開ける

ロッドを握る手の人差し指でイトを押さえ、もう片方の手でリールのベイルを開ける。

2 投げる

竿を立てる

耳の横あたりにグリップがくるよう、肘を支点にロッドを振り上げる。

ポイントに振り出す

振り込むポイントを見定め、前方45度付近をめがけて振り出すと同時に指を離す。

ルアーをトレース

着水したらすぐベイルを戻す。ルアーが底についたら一定のスピードで巻いてルアーを通す。

覚えておこう！ トレース→リールを巻いて水中にルアーを通す（泳がせる）こと。

Lesson2

キャッチ＆リリース

ルアーをトレース中、手元に感触があったらアタリ。釣り上げたらできるだけ魚を傷つけないように魚を放そう。

① アタリを感じる

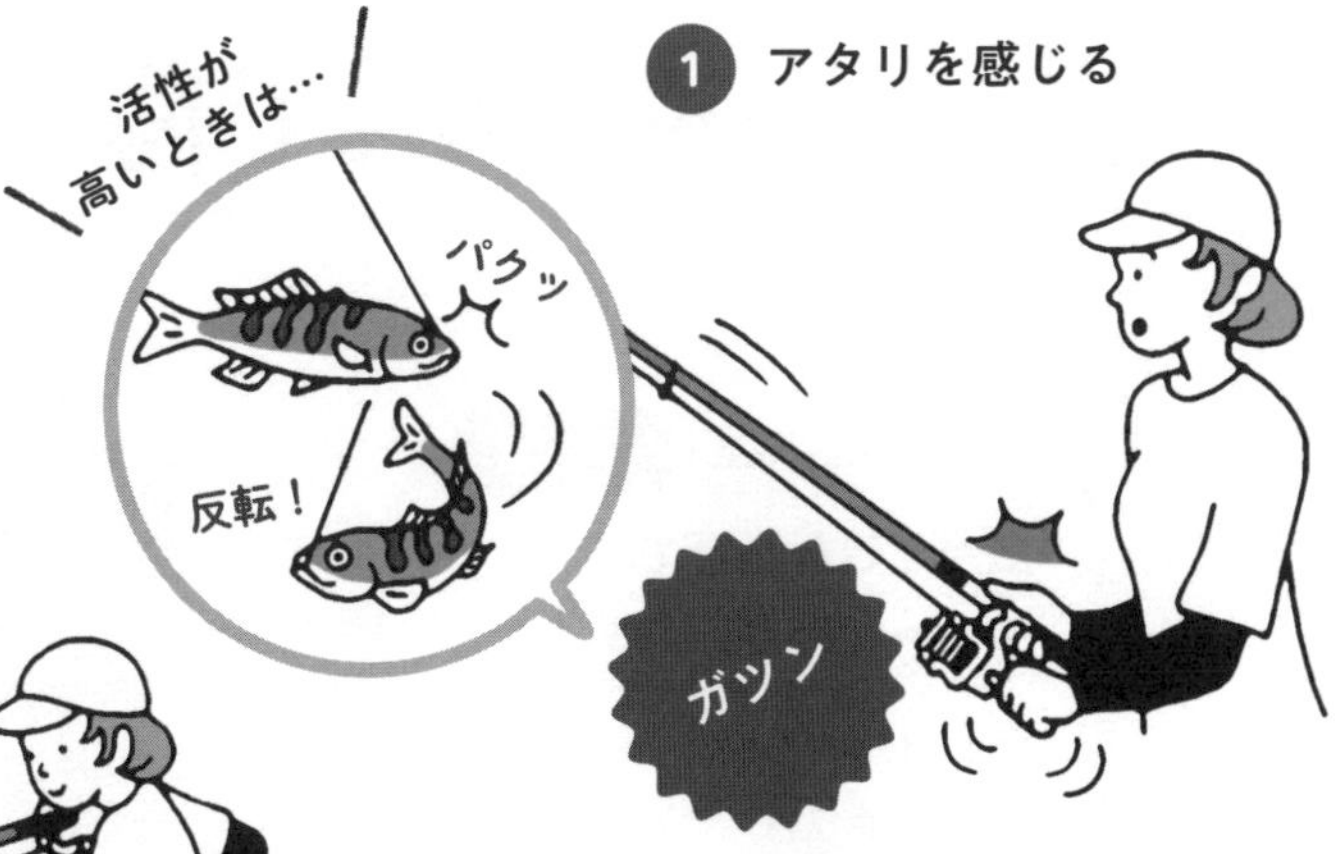

手元にガツンときたらアタリ

活性が高い魚はルアーにアタック後反転するため、竿を立てるだけでハリ掛かりする。

② 取り込み

ネットで取り込む

魚を竿の長さまで引き寄せたら、ランディングネットですくう。岸にはあげないように。

③ リリースする

ハリを外して魚を放す

水に浸したままハリを外してリリース。自力で泳ぎ始めるまで手で支えてあげても良い。

海で釣ろう

海水浴場近くの防波堤や砂浜で陸釣り

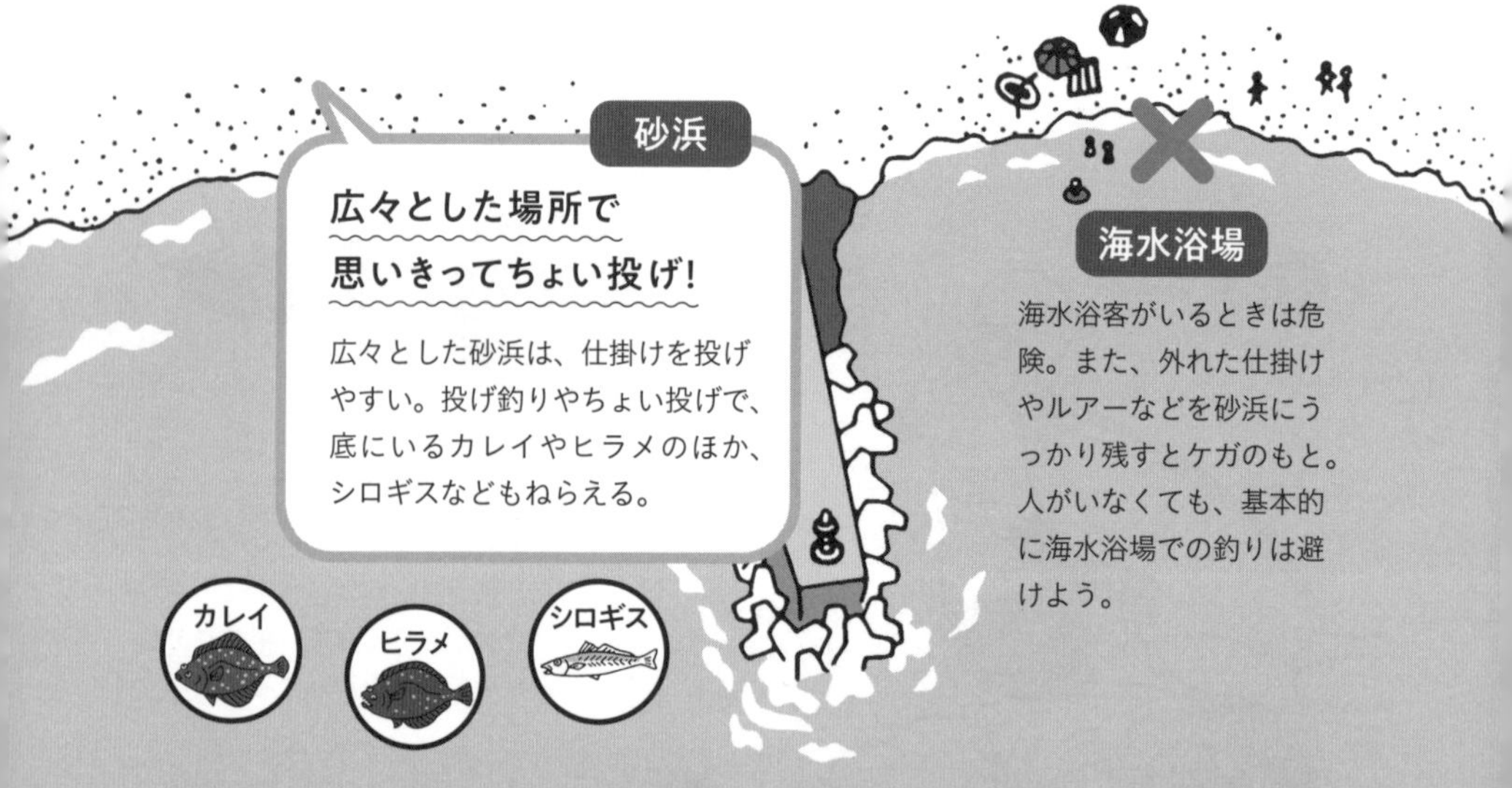

砂浜

広々とした場所で思いきってちょい投げ!

広々とした砂浜は、仕掛けを投げやすい。投げ釣りやちょい投げで、底にいるカレイやヒラメのほか、シロギスなどもねらえる。

海水浴場

海水浴客がいるときは危険。また、外れた仕掛けやルアーなどを砂浜にうっかり残すとケガのもと。人がいなくても、基本的に海水浴場での釣りは避けよう。

意外に身近な場所で海釣りが楽しめる

海の陸釣りで初心者が行きやすいのは、安全に釣りができるよう設備が整った「海釣り公園」（p28）。海釣りの勝手が少しわかってきたら、海水浴のついでに釣りができるポイントに立ち寄ってみましょう。海水浴場では釣りは禁止ですが、近くの防波堤や砂浜、漁港や湾内など、実は意外に身近な場所で釣りを楽しむことができます。

砂浜から仕掛けを投げれば、海底にいる魚やシロギスなどを釣ることができます。漁港や防波堤からは、足元の岩礁や消波ブロックなどの障害物周りについた根魚や、少し沖を泳ぐ回遊魚をねらえます。

足場の良い場所で安全に釣ろう

海釣り公園と違い、釣り場として整備されているわけではない。
できるだけ足場の良い場所を選び、安全に配慮を。

漁港

漁の邪魔にならないよう注意して釣りを楽しもう

消波ブロックなどの障害物が多く、底の地形にも変化がある漁港周りは釣りやすいポイント。ただし漁師さんの邪魔をしないよう注意。

防波堤

深い場所にも近く足場も良い格好の釣り場

海に近いが足場が安定していて、安全に釣れるのが利点。周りについた根魚をねらったり、遠投できればより深い場所までねらえる。

海で釣ろう

安全に十分注意！下準備が釣果を決める

行き当たりばったりの釣行は避けよう

土地勘のない海で釣りができるポイントを見つけるのは、至難のワザ。行き当たりばったりで出かけても、まず釣れません。釣り具店やインターネットなどで、初心者にも適した場所や対象魚についてしっかり情報を集めて行き先と釣行日を決めます。

　また、安全にも気をつけたいもの。ライフジャケットは必ず身につけて、潮の干満や天候の変化に常に気を配るようにしましょう。

　また、遊漁料が必要な川釣りと違ってどこでも釣りができると思いがちですが、特定の水産資源がいる海では遊漁は禁止。違反すると罰則もあるので注意が必要です。

運まかせでは釣果はゼロ

積極的に情報を探っていこう

潮の干満や時間帯、季節によって釣果が左右されるうえ（p10、28）、海釣り公園と違って釣れるポイントもわかりづらい。地元の釣り具店などで情報を集めよう。

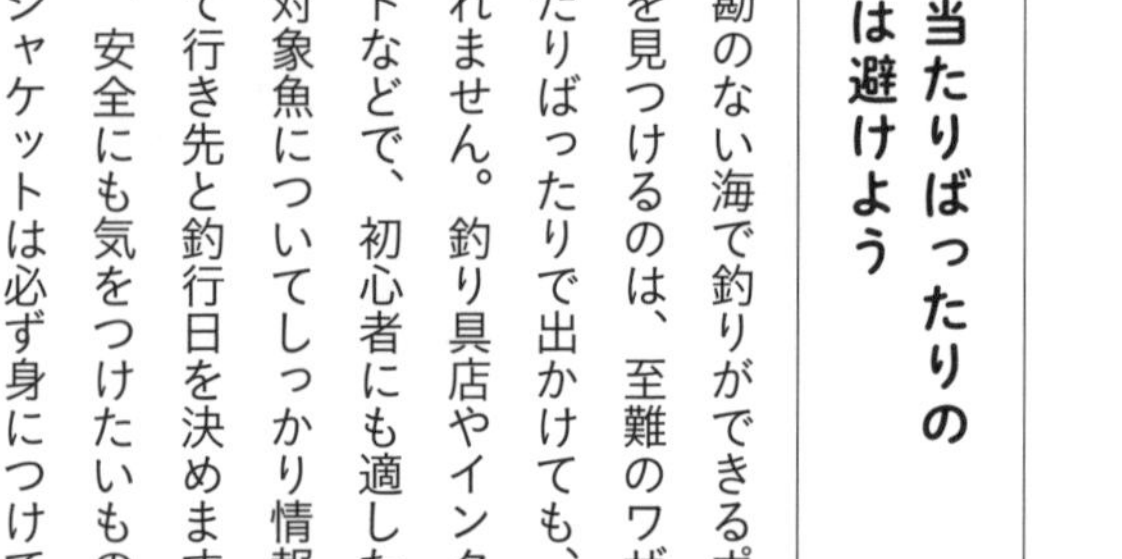

海で釣る前にチェックしよう

海釣りでは、まず安全が第一。万が一の事態に備え、釣りの前にしっかり準備しておこう。

禁漁対象や禁止エリアを事前に問い合わせておく

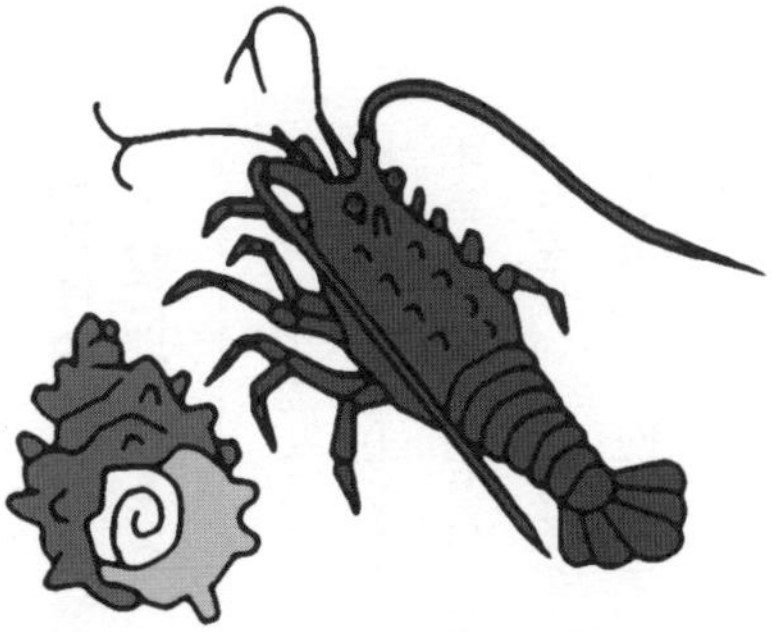

イセエビやサザエなど漁業権が設定された水産資源のいるエリアは、遊漁禁止。地元の漁協に問い合わせておく。

危険を避けるためにライフジャケットは必携

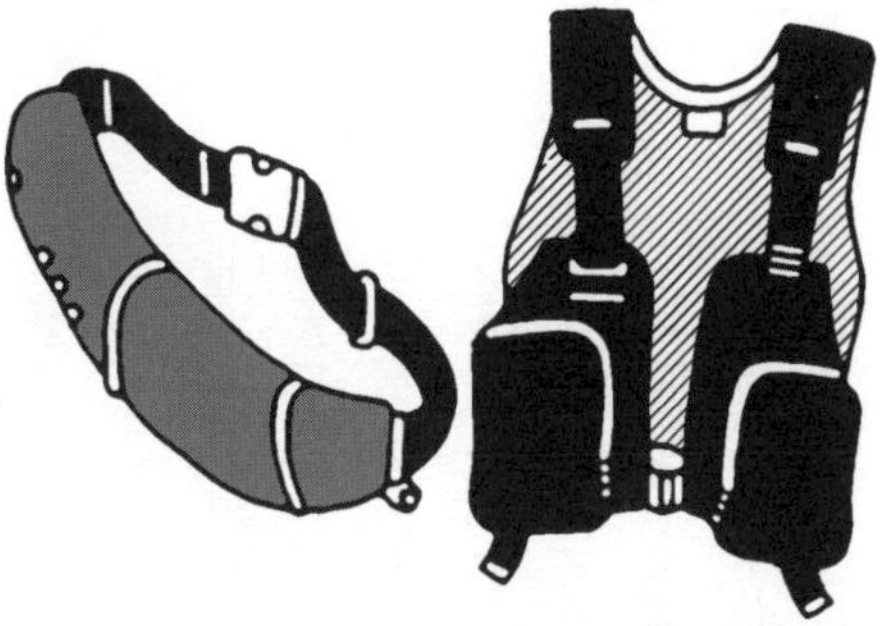

浮力体が入ったベスト型や自動膨張機能が付いているものなどタイプはさまざま。使い方も事前に確認を。

潮位の大きな変化や高潮に気をつける

潮位が大きく変化すると、安全に思える防波堤で波をかぶる場合も。潮位を見ながら行動したい。

海水浴のついでに

シーズンになれば初心者も爆釣できる！

「投げ釣り」の爽快感を手軽に味わえる

ウキ釣りなどでは届かないところへ仕掛けを振り込む「投げ釣り」。本格的な投げ釣りは、長竿や重いオモリを使い、投げるのが難しいため、初心者には不向きです。

そこでバスロッドで、30m程度先に軽く投げてねらう「ちょい投げ」がおすすめ。女性や子どもでも、簡単に投げ釣りの爽快感を体験することができます。

海水浴ついでに砂浜や堤防から釣るなら、夏の釣りで一番人気のシロギスをねらってみましょう。同じ仕掛けでハゼやマゴチが釣れることも。釣れるポイントは、釣り具店などであらかじめ確認しておきます。

岸からちょい投げでねらおう

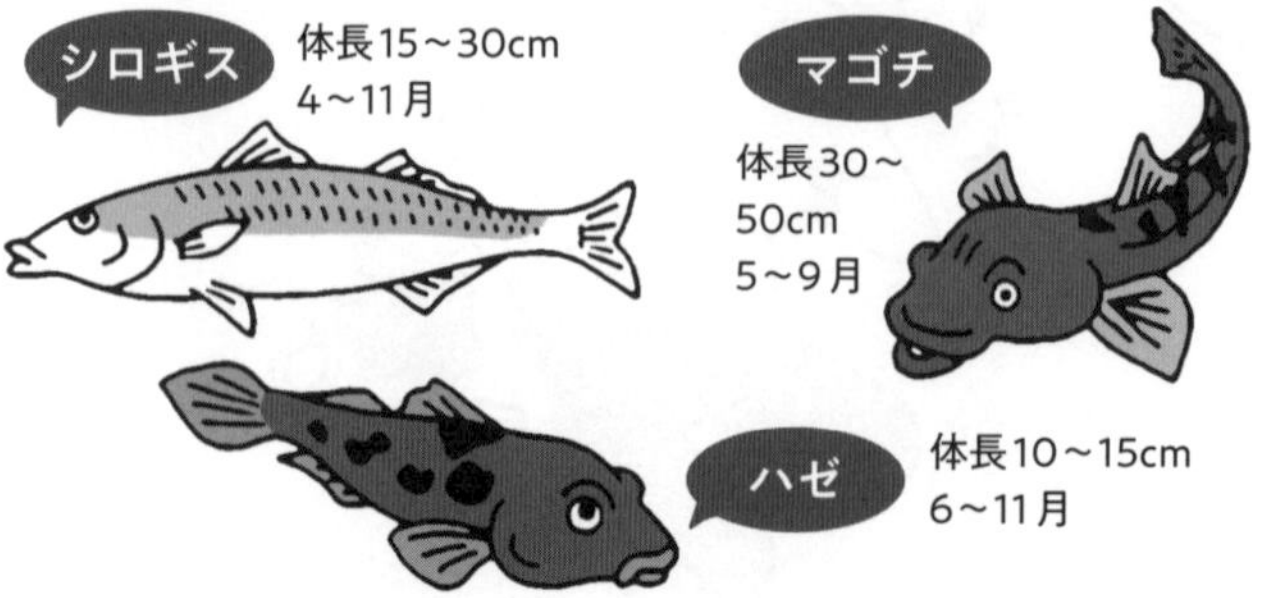

シロギスは最盛期には釣りやすく、小さな体に似合わない力強い引きが人気。シロギスが難しくても、ハゼやマゴチが同じ仕掛けでねらえる。

ちょい投げ釣りの仕掛けと道具

仕掛けは複雑に見えるが、市販セットを利用すれば簡単。この仕掛けでいろいろな魚が釣れる。

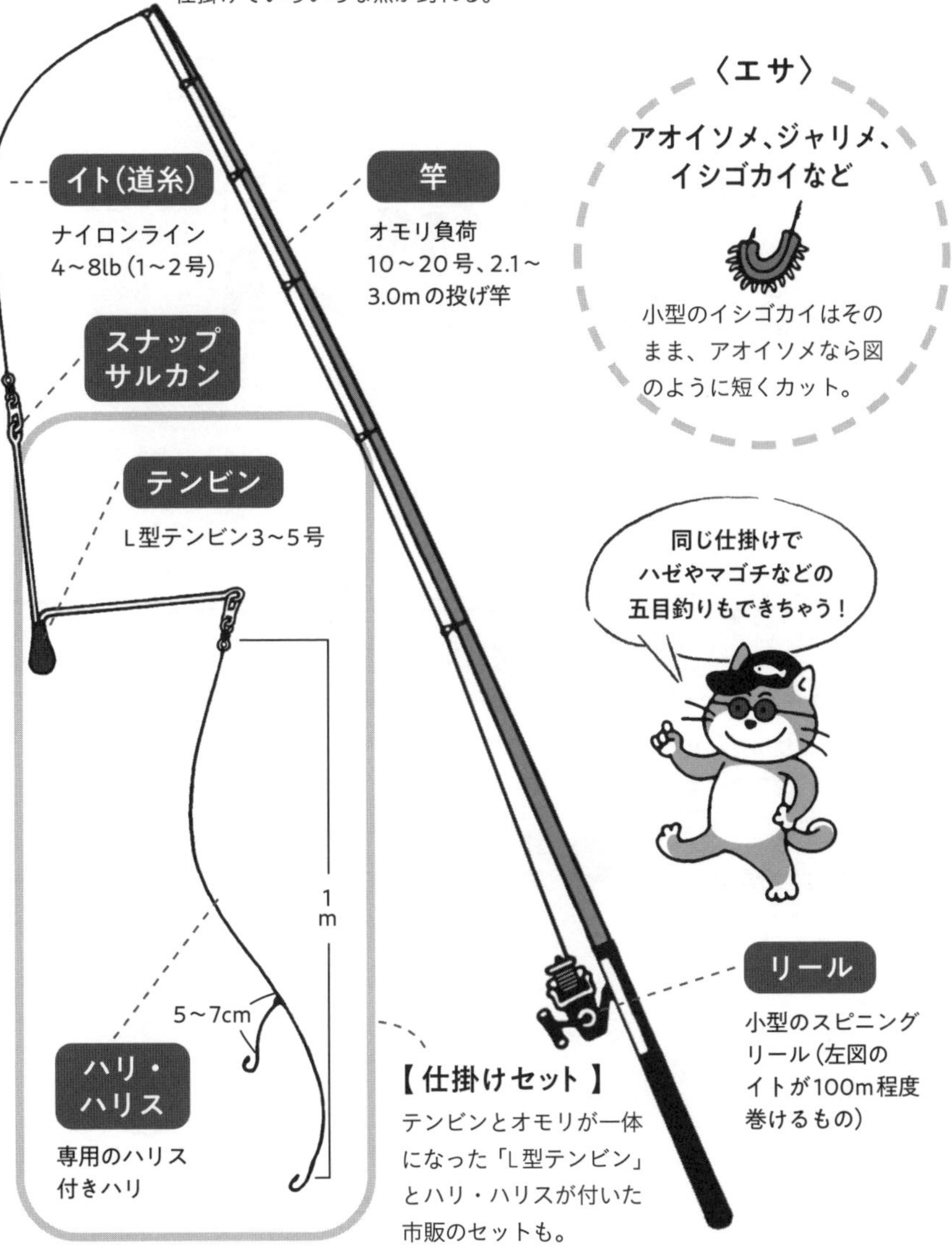

覚えておこう！　**五目釣り** → 対象魚を一つに絞らず、多種類の魚を釣ること。

lesson1

仕掛けを投入

剣道の素振りのように、竿を振りかぶって振り下ろす。後ろに何もないことを確認して投げよう。

❶ 振りかぶって

イトは1m程度出す。イトを押さえてベイルを開け、素振りのように振りかぶる。

❷ キャスト！

前方へ振り下ろす。竿先が前に向くと同時に、イトを押さえた指を放して飛ばす。

lesson2

さびく

仕掛けが着水したら、イトのたるみを巻き取る。魚を誘いながら仕掛けを回収しよう。

❶ ポイントに正対する

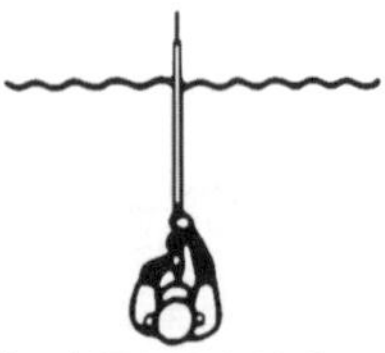

仕掛けを振り込んだポイントを真正面にして立つ。

❷ 腰を回して竿を引く

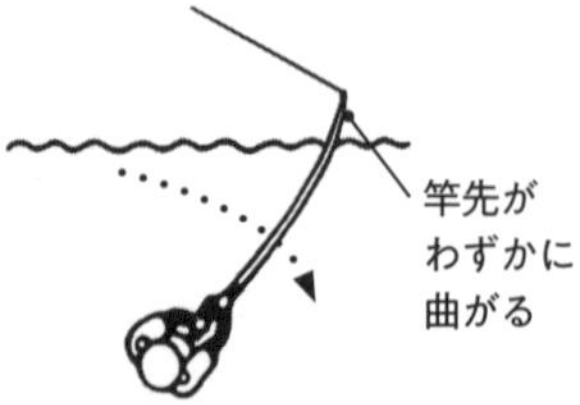

体を45～90度回転させ、竿先がわずかに曲がる程度仕掛けを引く。

❸ リールを巻きつつ戻す

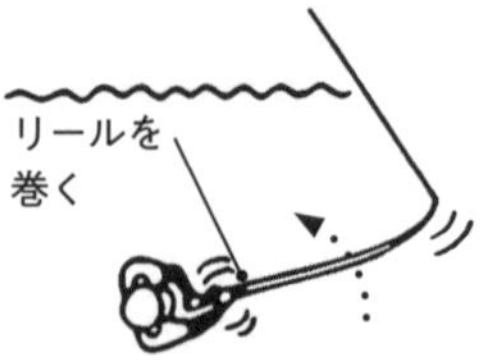

体を正対に戻しながら、リールを巻く。1～3をくり返す。

覚えておこう！ さびく➔海中の仕掛けを少しずつ動かして回収しながら魚を誘うこと。

lesson3

慌てず取り込む

さびいている最中に、手元にブルブルと感触が伝わってきたらアタリ。慌てずゆっくり取り込むと釣果アップ。

1 アタリがある

ブルブルとした感触があったら、慌てずイトを再度張り、確実に掛かっているか確認。

2 リールを巻く

活性が高ければ2匹目も掛かる。ゆっくりと同じペースでリールを巻く。

たくさん釣るための上手なさびき方

かけ上がり→

底の砂地の、深場から浅場へ向かう斜面。

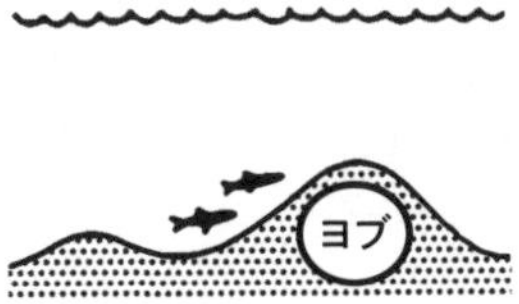

←ヨブ

波で作られた砂地の凸凹。仕掛けを巻く最中に重くなるのでわかる。

魚がいる場所でいったん留める

魚は右のような斜面に集まる。さびく途中、こういった場所でいったん仕掛けを留め、食いつく隙を与えると効果的。

魚はどこにいる？

水面と周りを観察してみよう

どんな釣りでも、まずは「魚がいる場所」を見つけることが大切。水面や周りを観察し、以下のヒントを参考に探ってみよう。

流れや潮の切り替わり

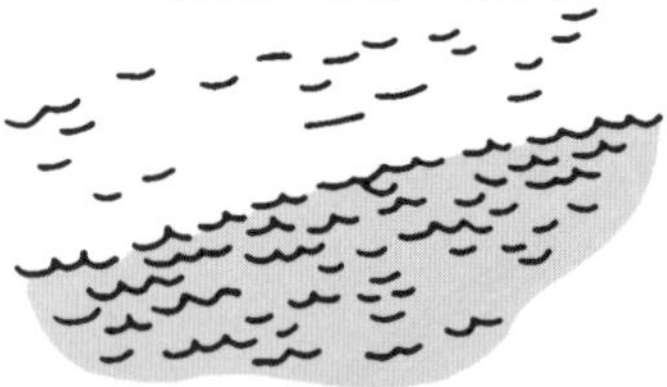

地形や流れ、潮の変化がある場所に、小魚やそれをねらう魚が集まる。

波紋やしぶき

魚が水面の虫を補食するとき、波紋やしぶきができる。

明暗の境目

護岸や堤防の陰に潜んで補食のタイミングをうかがっている魚をねらう。

薄茶色の場所

砂が堆積して浅くなっている。小魚が溜まりやすく、それをねらう魚が周辺に集まる。

鳥が集まっている

複数羽が近くを旋回したり待ち構えているときは、小魚が集まっている証拠。

何もないのに引きが重くなる場所

流れや水深に変化があり、魚が集まりやすくなっている場合が多い。

PART 3

ステップアップ！
憧れの釣りに挑戦

身近なフィールドでの簡単な釣りに
慣れてきたら、ステップアップ。
少し範囲を広げ、難易度が高めの釣りにも
チャレンジしてみましょう。
奥深い釣りのおもしろさに、
きっと夢中になるはずです。

渓流でミャク釣り

釣り人の〝勘〟頼り！微妙なアタリを感じて

魚の脈を取るような繊細さが求められる

魚の「脈」を取るような釣り方から、その名が付いたといわれる「ミャク釣り」。ウキを使わずに軽いオモリを付け、イトや竿、指先へのわずかなアタリを頼りに釣ります。イトの微妙な変化や水深、エサが流れる速さなどを確認するために、目印を付けるのが一般的です。

現地調達した幼虫などをエサに使う釣り人も多く、昔ながらの仕掛けで魚との駆け引きを楽しむ、原始的なスタイルが人気。道具がシンプルで挑戦しやすい反面、奥の深い釣りといえます。川魚のほか、ハゼやメバルといった海の小物釣りでも用いられる釣法です。

下流から上流へ釣り上がる

対象は警戒心が強い。魚を驚かせないよう細心の注意を払いながら、ポイントを探して釣り上がる。足場の悪いところもあるため、釣り慣れた人と一緒に行く方が安心。

道具もエサもストイック

〈仕掛けと道具〉

オモリとハリ、エサの、シンプルな仕掛けが基本。道糸の変化を見やすくする「目印」を付けるのが一般的。

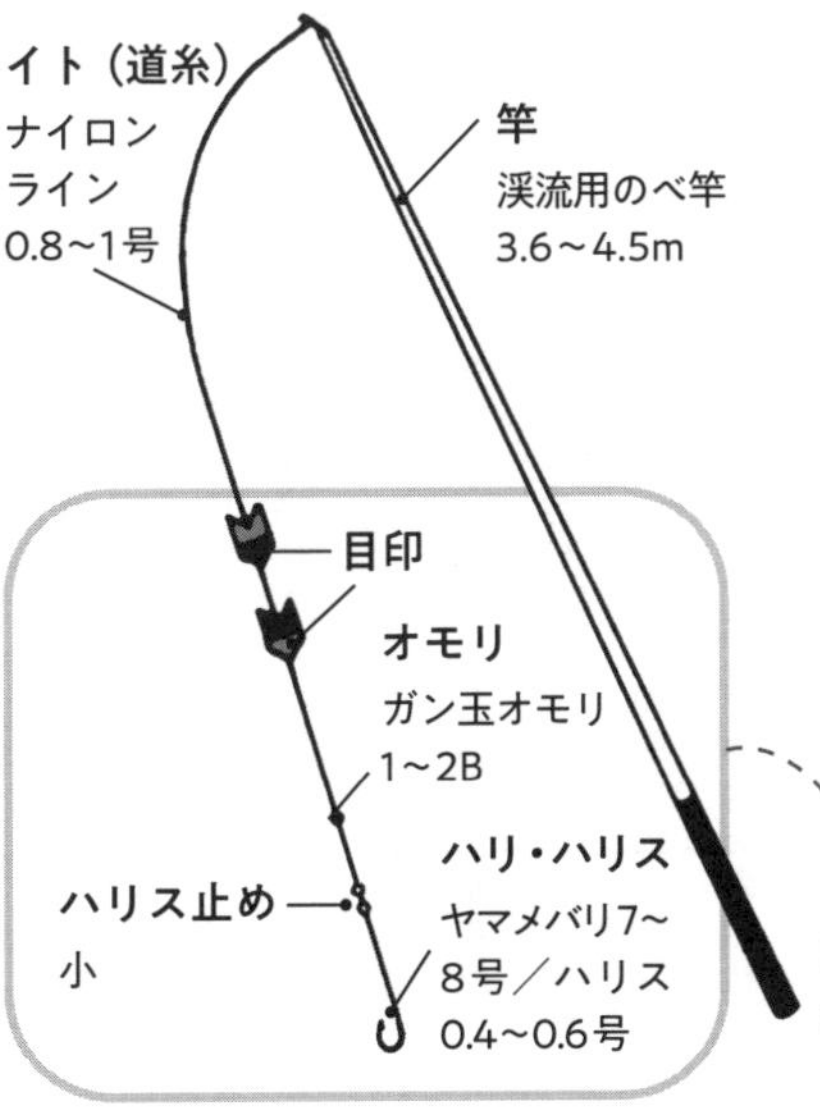

〈エサ〉

普段捕食している虫は食いが良い。瀬にある大きめの石をひっくり返して採取。背中にチョン掛けで使う。

実釣！

川の流れを読んで自然にエサを流そう

まずは川底をねらいましょう。魚が食いつくポイントは、速い流れと緩やかな流れの境目。上流に仕掛けを投入したら、目印で水深を確認して、エサが底を離れないよう気をつけながら仕掛けを流します。川は表層近くの方が底より速く流れるため、目印が表層と同じ速さで流れるようならエサが底に入っていないということ。オモリを重くする必要があります。

目印が水中に大きく引き込まれたり、流れがあるのに止まったりするなど、不自然な動きをしたら、アタリの目安。すぐに手首を返すように鋭くアワセてハリを掛けります。

渓流でルアー釣り

竿とリールを駆使し ルアーを自然に泳がせて

魚と同じ方向にルアーを泳がせる

管理釣り場の止水エリアでのルアー釣り（p62）に慣れたら、渓流でも挑戦してみましょう。基本は止水エリアでのルアー釣りと同じです。ただし、川の流れを読みながらルアーを泳がせなければならないので、難易度は上がります。

渓流でのルアー釣りは、川のどこにルアーを投入し、どう泳がせるかが重要。上流に頭を向けて泳いでいる魚に警戒されないよう注意しつつ、魚と同じ方向に向かってルアーを泳がせなければなりません。魚がいるポイントは、管理釣り場のウキ釣りで学んだ通り（p22）。どこの魚をねらうかを決め、ルアーを泳がせます。

本格的な川釣りの装備

ウェーダー

腰や胸まである胴長靴。水に濡れて体温が下がるのを防ぐ。

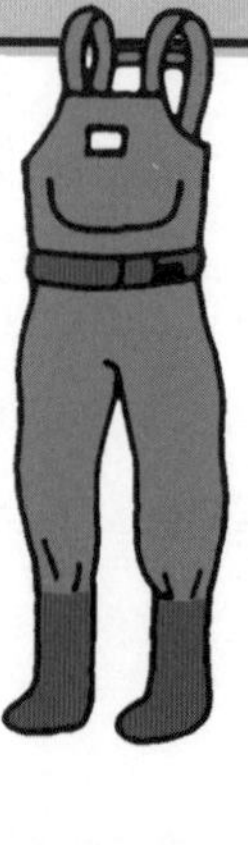

フィッシングベスト

撥水性や速乾性が特徴。道具を収納できるポケットが多数ある。

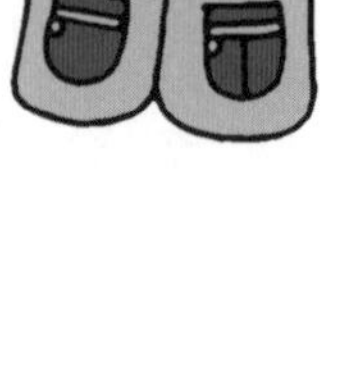

川幅のある渓流で水中に入る場合は、ウェーダーなど装備もより本格的になる。釣り具店で必要なものを確認しておこう。

川の流れを読みながらアプローチ

川を斜めに横切るようにルアーを投入し（キャスト）、リールを巻いて泳がせる（トレース）。

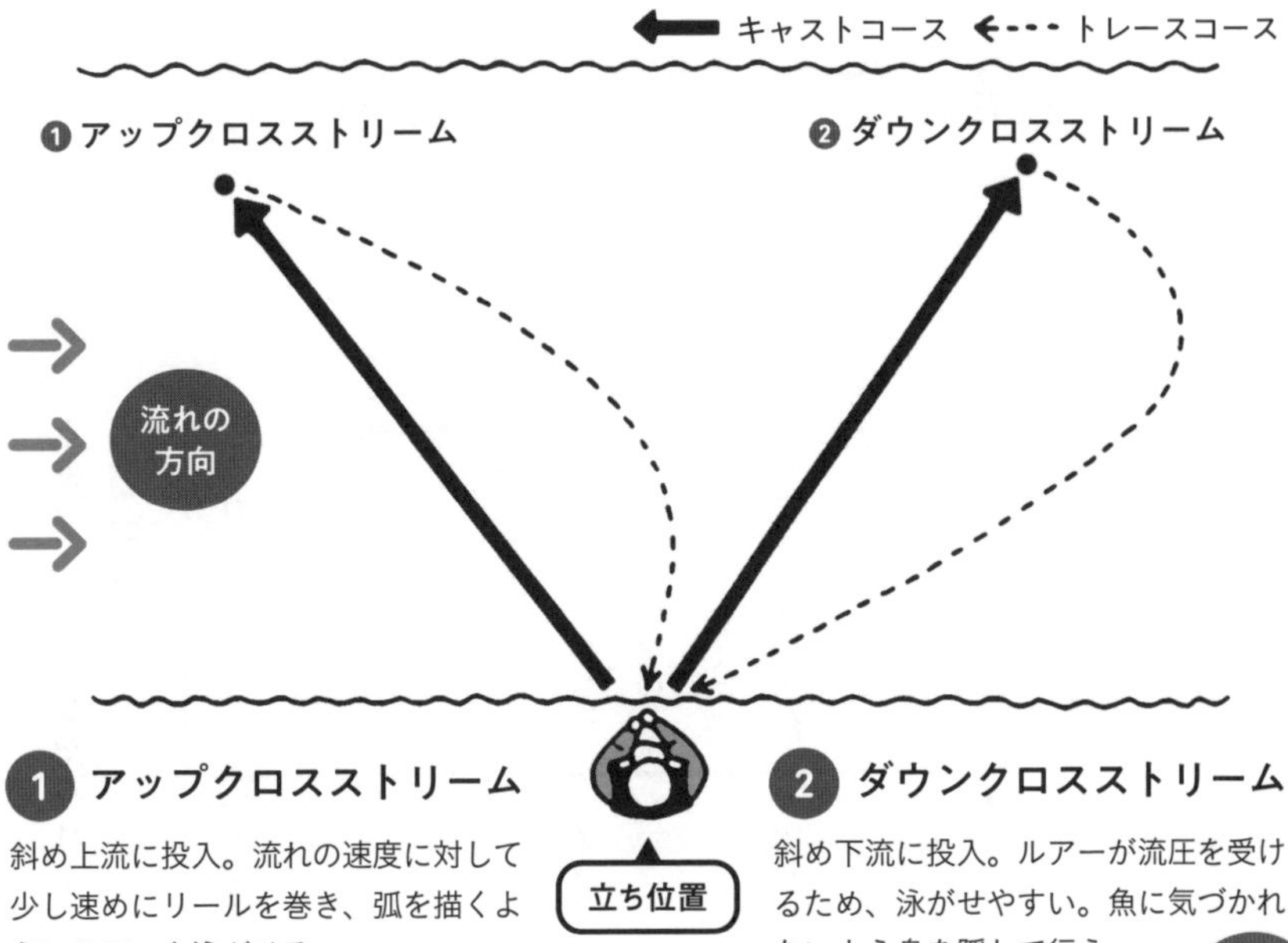

1 アップクロスストリーム

斜め上流に投入。流れの速度に対して少し速めにリールを巻き、弧を描くようにルアーを泳がせる。

2 ダウンクロスストリーム

斜め下流に投入。ルアーが流圧を受けるため、泳がせやすい。魚に気づかれないよう身を隠して行う。

実釣！

魚に気づかれないように できるだけ長く泳がせる

渓流でのアプローチには種類があります。初心者がトライしやすいのは「アップクロスストリーム」と「ダウンクロスストリーム」（上図）。

アップクロスストリームは、魚より下流に立つため気づかれにくいですが、流れの速度に合わせてルアーを泳がせるのでやや難しくなります。

一方、ダウンクロスストリームは、流圧を受けることでルアーを泳がせやすいですが、魚には気づかれやすくなります。川幅のある渓流などで、身を隠しながら行うのが基本です。

上手に泳がせることができるようになったら、ルアーの種類やタナを工夫して釣果アップをねらいます。

日本の川にぴったり 伝統的な釣りに挑戦

ターゲット

ニジマス
ヤマメ

水生昆虫を模したハリで表層をねらう

テンカラ釣りは、水面や水面直下を漂う水生昆虫を模した「毛バリ」を使って釣る、伝統的な釣法です。表層をねらうため、魚がアタックする瞬間を目の当たりにできます。

　毛バリを使う釣りでは、西洋から伝わった「フライフィッシング」が人気ですが、重くて長いイトをダイナミックに操作するため、川幅が狭く流れが早い日本の渓流では釣りづらいことが多々あります。その点、比較的イトが短いテンカラ釣りは、ストレスなく楽しめます。

　とはいえウキ釣りなどに比べるとイトが長いので、キャストにはコツが必要。実戦で身につけましょう。

長いイトを上手に振り出そう

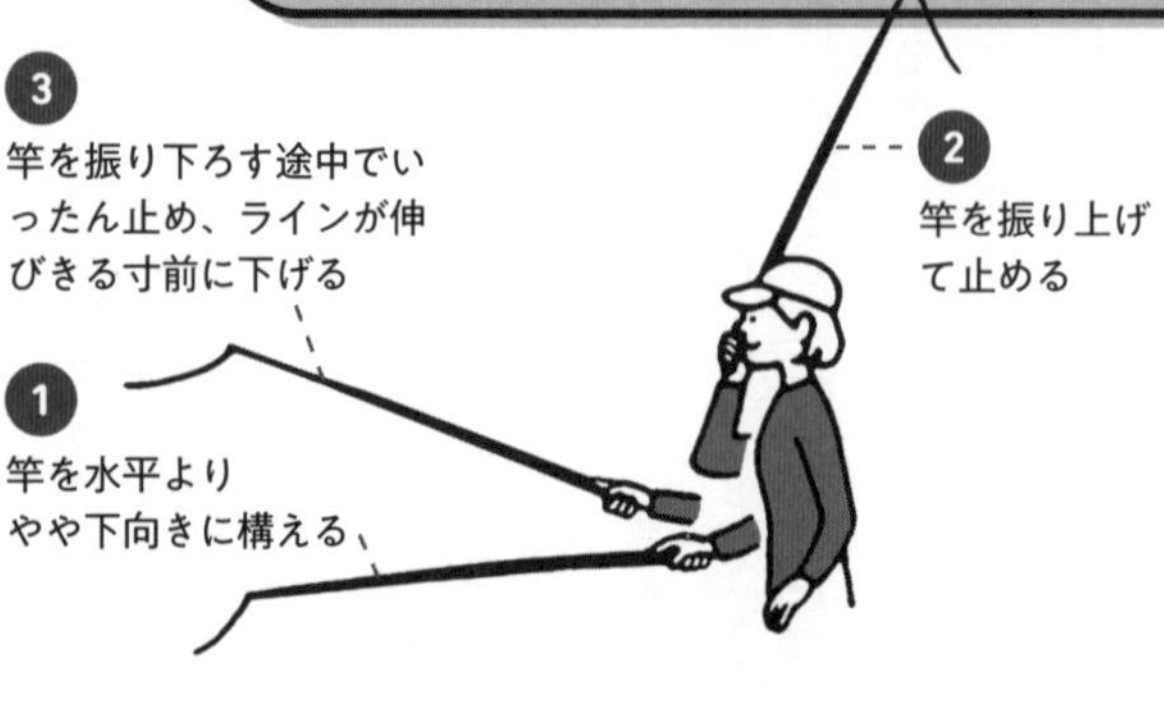

前に垂らしたイトを川から引きはがすように、竿を耳の横まで振り上げて下ろす。振り下ろす途中でいったん竿を止めることで、イトに力が加わり、毛バリを遠くへ飛ばすことができる。

3点道具で軽快に釣る

〈仕掛けと道具〉

竿は、コルクグリップ付きのテンカラ専用竿。道糸とハリスで、竿の長さより1m以上長くする。

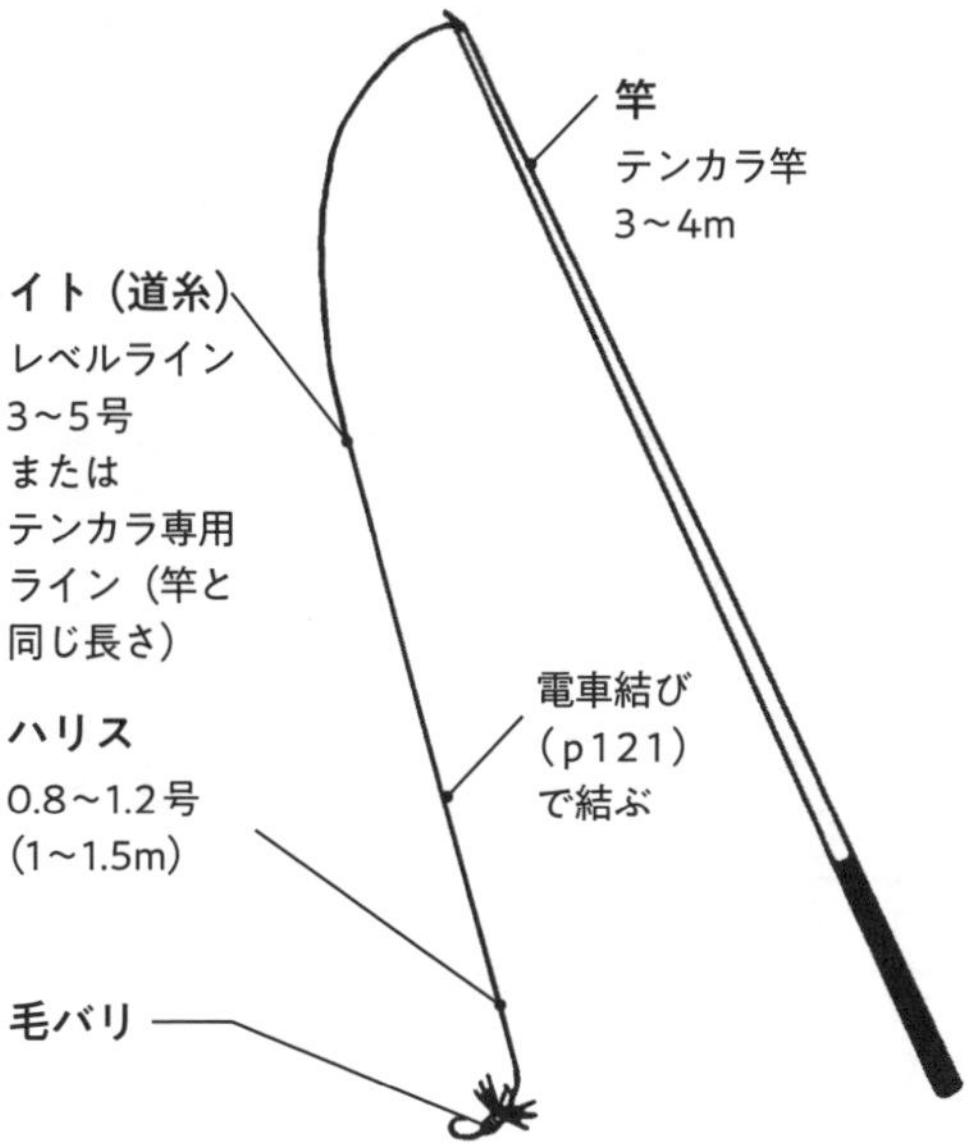

〈毛バリ〉

獣毛や鳥の羽根で作られている。水面に浮くものや水面直下を漂うものがある。捕食しているエサと同サイズを選ぶ。

実釣！

川の流れにうまくのせ自然に毛バリを流す

魚のいるポイントは、管理釣り場のウキ釣り（p22）と同様。右図のやり方で、捕食ポイントより少し上流に毛バリを落としたら、川の流れにのせて自然に毛バリを流していきます。食いつかないようなら、竿先をわずかに上下させて毛バリを動かし、魚を誘ってみるのも効果的です。

アワセは魚が毛バリをくわえた瞬間に入れるため、流している間は常に毛バリから目を離さないように。水面に浮く毛バリなら、魚がアタックしたときをねらいます。水中に沈む毛バリの場合、アタリはイトの微妙な変化として現れます。毛バリ周辺のイトに注目しましょう。

堤防でウキフカセ釣り

2種のエサで効率良く回遊魚を釣る

まきエサで魚をおびき寄せて足止め

ウキフカセ釣りは、海中にまいたエサで魚をおびき寄せ、遊動式ウキ（p102）を使ったウキシステムでねらう、効率の良い釣法です。

釣り場に生息するさまざまな魚が対象ですが、岩礁帯や堤防の先端に生息するメジナや、生息エリアが広いクロダイは、とくに人気の対象魚です。

仕掛けの基本は同じですが、メジナを釣る場合は浅い海域までエサでおびき寄せて釣るのに対し、クロダイを釣る場合は底付近を回遊中のところをエサで足止めして釣ることに。そのためには、まきエサの種類をそれぞれ工夫する必要があります。

ウキフカセ釣りのイメージ

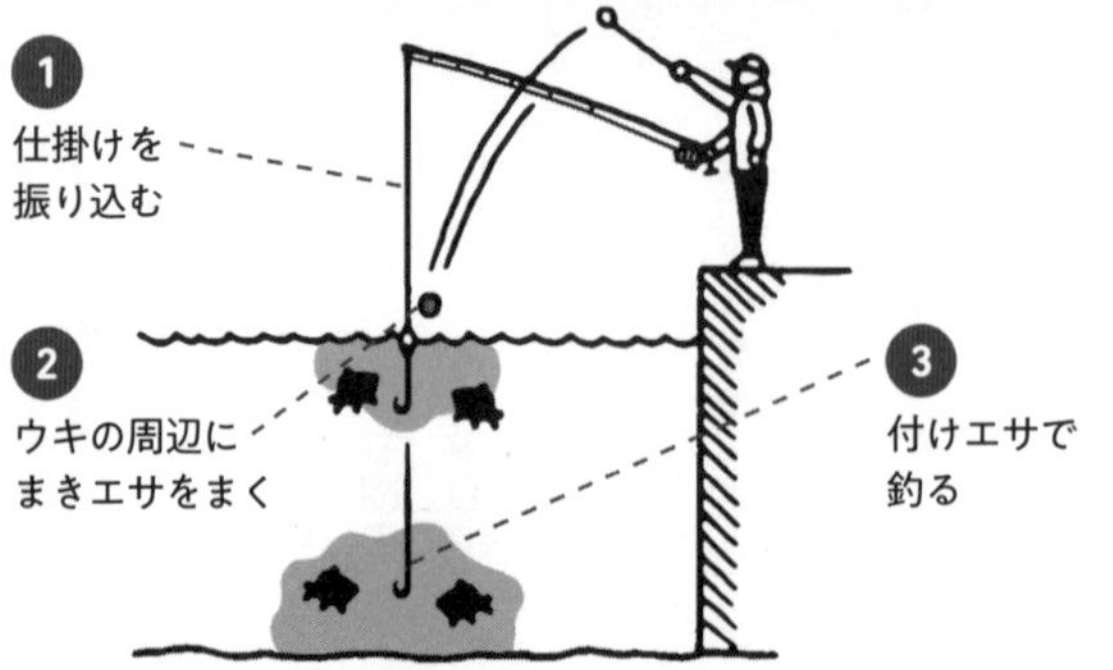

手順としては、まず仕掛けを振り込み、ウキの周辺めがけてひしゃくでエサをまく。海中や海底に溜めたエサで回遊中の魚を誘い、付けエサ（オキキアミや練りエサなど）で釣り上げる。

習性に合わせてエサを変える

〈仕掛けと道具〉

まきエサを入れておく容器（バッカン）と、遠くにまける専用のひしゃく、取り込み用のタモ網も用意。

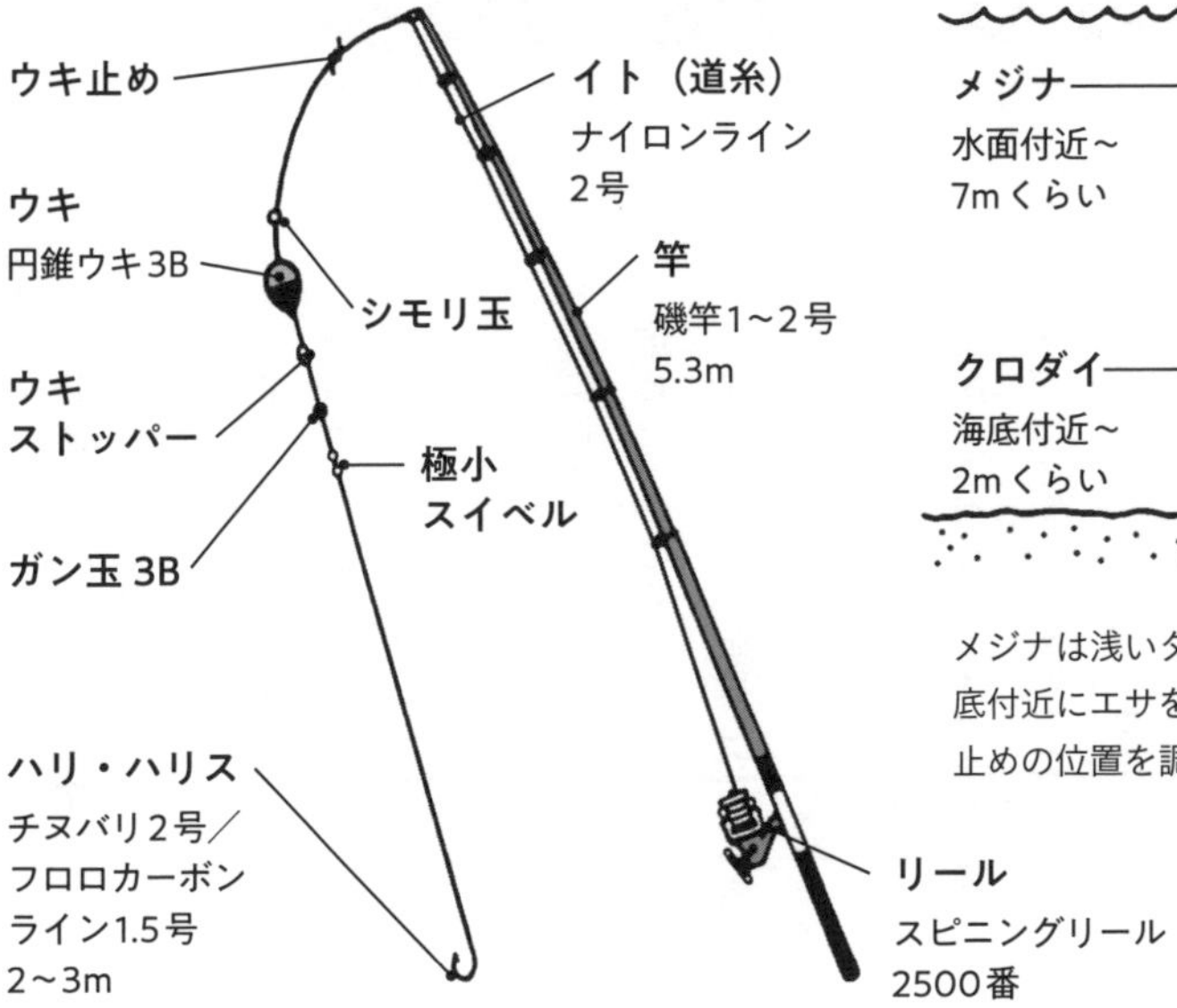

〈効率良く釣るために〉

対象魚のタナを把握

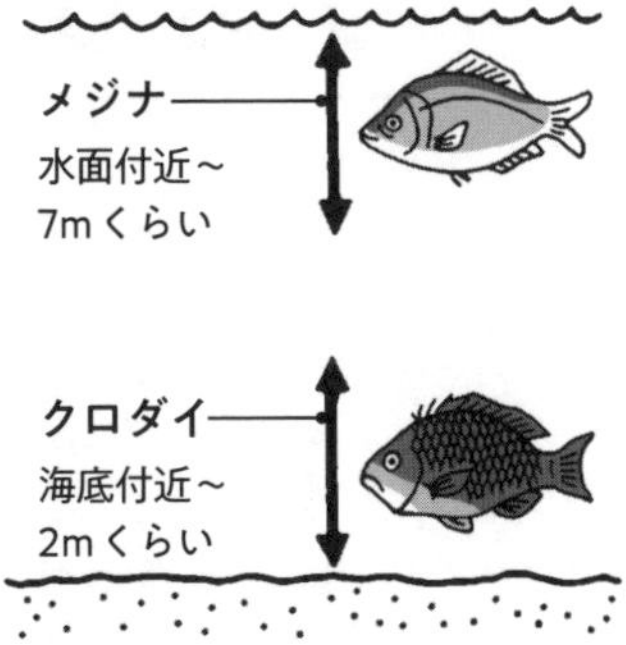

メジナは浅いタナ、クロダイは海底付近にエサを保てるよう、ウキ止めの位置を調節。

実釣！

まきエサと仕掛けを同調させて流す

メジナねらいなら、比重が軽く浮きやすい配合エサを、クロダイなら比重が重くて底に溜まりやすい配合エサを、それぞれ用意します。

初めての場所なら、堤防から７mくらいのところを目安に仕掛けを投入。仕掛けが沈んだら、流れに合わせてイトを出すようにします。投入した仕掛けが流れ始めたら、ウキをめがけ、まきエサを３杯以上まきます。仕掛けがまきエサから外れないよう、同調させて流していきます。

アワセは、ウキが完全に沈むまで待って、鋭く行います。掛かった魚を寄せるときは無理にリールを巻かず、テンションを一定に保ちましょう。

防波堤でエギング

エビ似のルアーでアオリイカを釣り歩く

日本古来の疑似餌でアオリイカを誘う

防波堤から釣れるアオリイカは、比較的釣期が長く、食用としても人気があります。釣り方は何種類かありますが、エギ（餌木）と呼ばれる疑似餌を使った釣り「エギング」がポピュラーです。

エギは、エビを模した日本古来のルアーの一種。これを防波堤などから海底に落とし込み、竿を動かしてエギを泳がせ、アオリイカを誘います。エギを動かす基本の方法は、下図の通り。さらに、エギをしゃくるときは、しゃくったときのイトのたるみをリールに巻き取りながら数回くり返すと、左右の動きが加わり、より強くアピールできます。

エギを動かしてイカを誘う

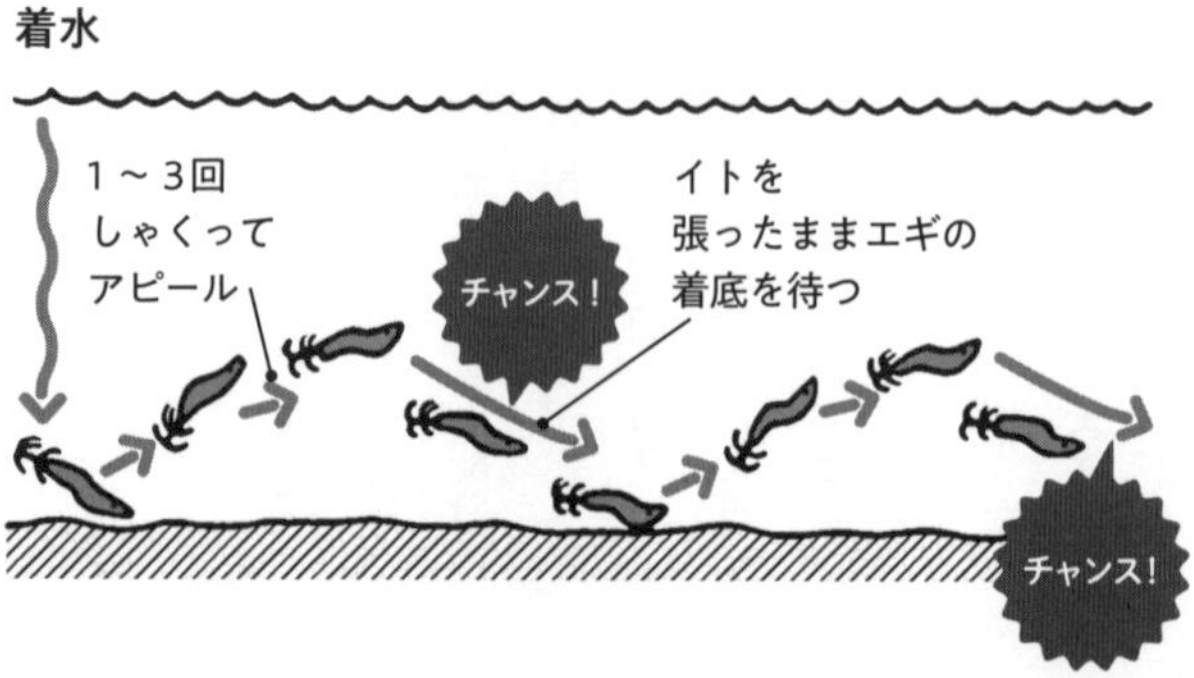

ロッドを1～3回しゃくってエギを跳ね上げた後、ラインを張った状態を保ちながら再び着底を待つ。エギがゆっくり前方へ移動しながら沈むこのタイミング（フォール）が、イカのアタックチャンス。

強いアワセがポイント

〈仕掛けと道具〉

エギをうまく動かしてイカを誘うためには、エギング専用の竿を使うのがおすすめ。

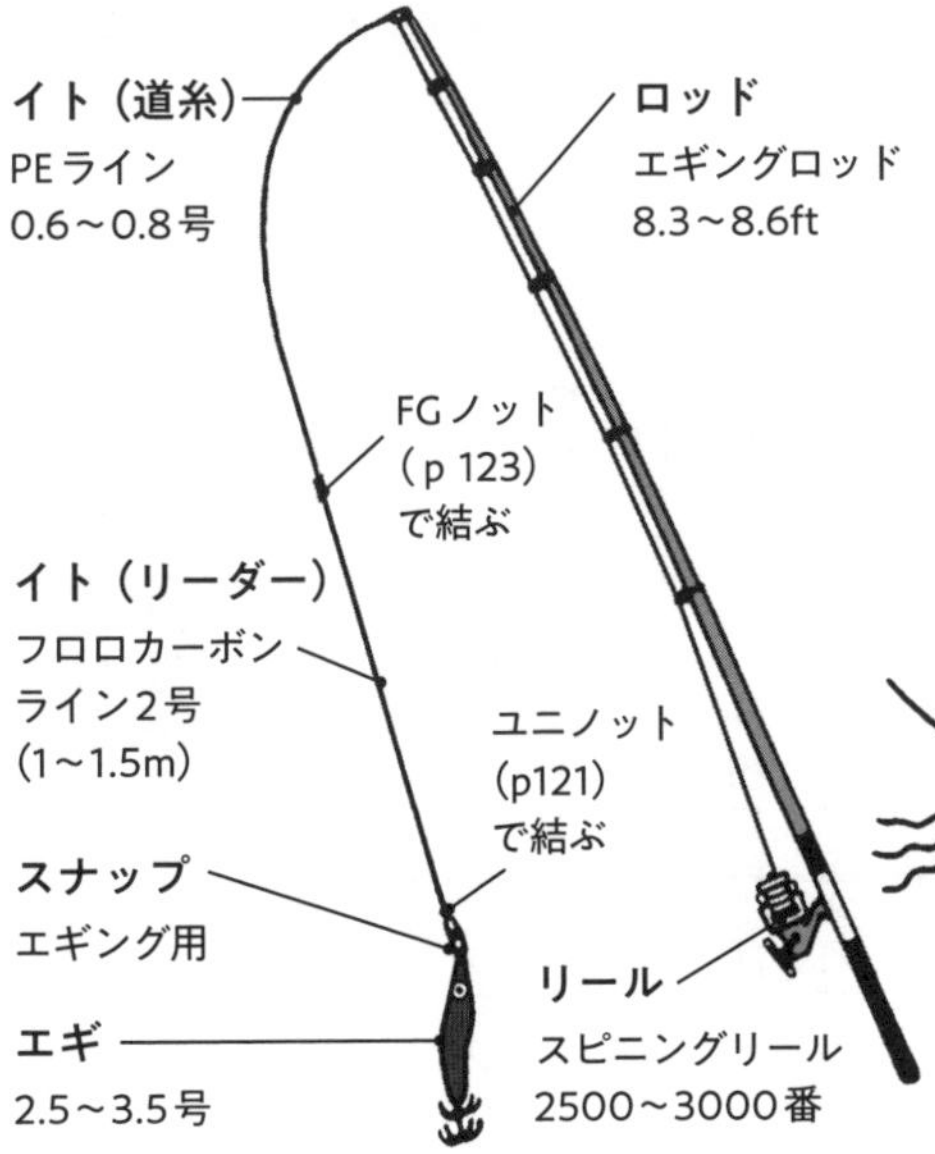

〈アワセ・取り込みのコツ〉

実釣！

しゃくり終えたらラインの動きに集中

エギを動かす距離を長くとるため、遠くにエギを沈めます。仕掛けを投げた後、エギが海底につく（イトの出が止まる）までは、ベイル（p99）を倒してイトを送ります。

着底を確認したら素早くラインを張り、右図の要領でエギを動かします。しゃくり終えてから着底までの間はリーリングを止め、ラインに集中。急な張りや緩みなどのアタリを見逃さないようにしましょう。

アタリを感じたら強くアワセて、確実にイカの足をハリにかけます。ジェット噴射で逃げようとするため、ロッドを立てて引きをこらえ、リールを巻いて少しずつ寄せましょう。

堤防からのカゴ釣り

より遠く深くにエサをまいて釣る

ターゲット

アジ〜青物

軽い仕掛けと重い仕掛けがある

まきエサで魚を誘う釣りとしては「ウキフカセ釣り」（ｐ82）がありますが、同じ要領で、さらにウキフカセ釣りよりも遠いポイントをねらえる釣りとして人気があるのが、「カゴ釣り」です。仕掛けの上部に取り付けたカゴにまきエサを入れて投げることで、まきエサとつけエサを同調させて流しやすいのも、カゴ釣りの利点といえるでしょう。

比較的軽い竿と小型のカゴで、アジなどをねらう「投げサビキ仕掛け」と、マダイや青物をターゲットとして、超遠投や深場もねらう大型のカゴを使った「天びん吹き流し仕掛け」があります。

実釣！

天びん吹き流し仕掛けより広い堤防で行う

投げサビキ仕掛けは、サビキ仕掛け（ｐ36）をそのまま遠くに投げるようなイメージです。寄せエサも同じ、アミコマセでＯＫ。カゴの中に詰め込みすぎないようにし、タナは少し深めをねらえるようウキ止めの位置を調整しましょう。

天びん吹き流し仕掛けの場合は、より太く硬い竿で重い仕掛けを投げるため、フルキャストできるような広々とした堤防で行います。まきエサは、配合エサを使わないオキアミを使用。遠くへ投げれば良いというものではなく、潮目などを読み、流れが変化するポイントをねらって投げるのが釣果アップのコツです。

対象によって仕掛けを変える

＼堤防からアジねらい／

投げサビキ仕掛け

タナは5mくらいになるようウキ止めの位置を調整する。投げやすいようハリスは短めに設定。

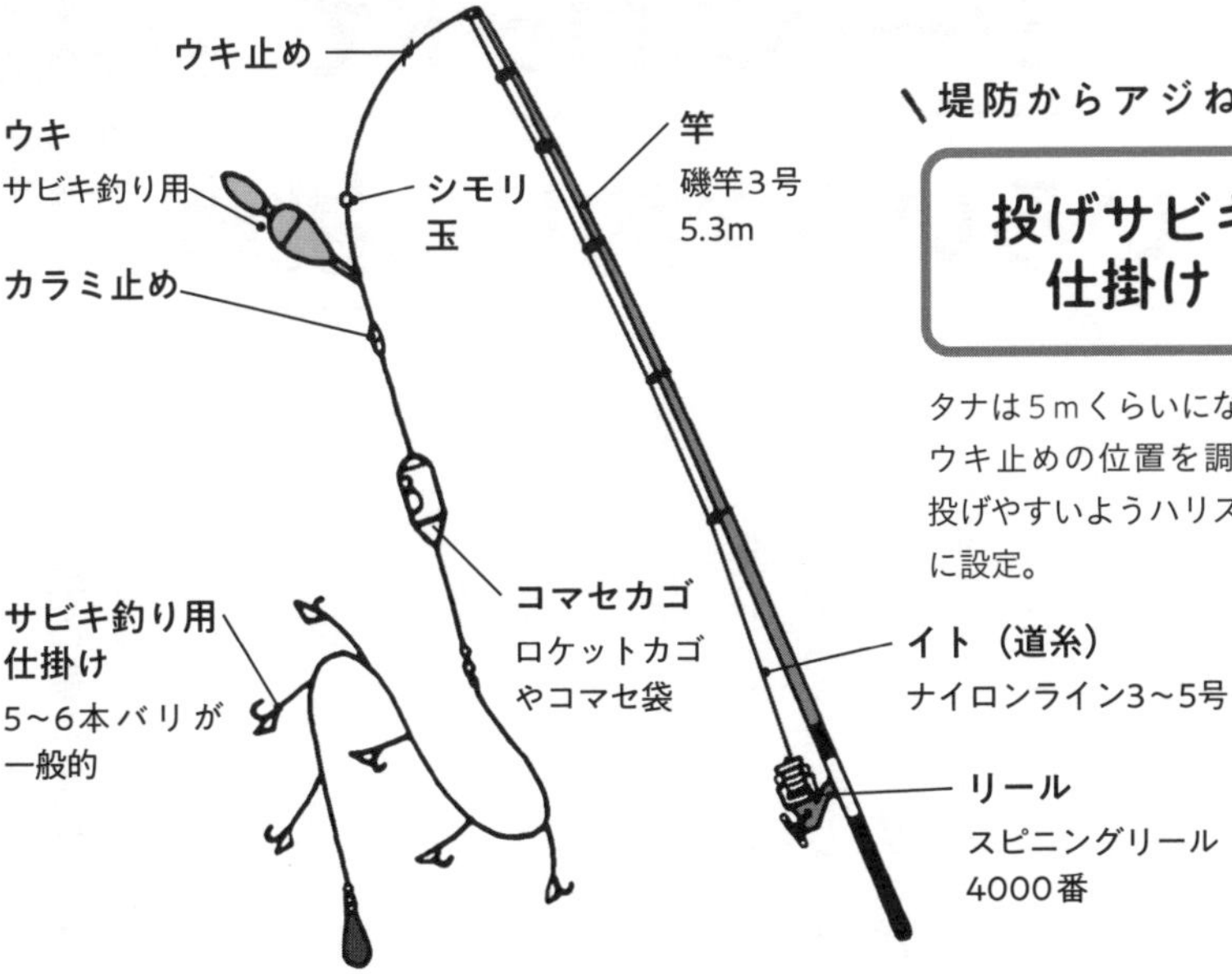

＼マダイや青物ねらい／

天びん吹き流し仕掛け

比較的大きな魚とのやりとりが多く、竿も硬めなので、イト切れを防ぐために「クッションゴム」を使う。

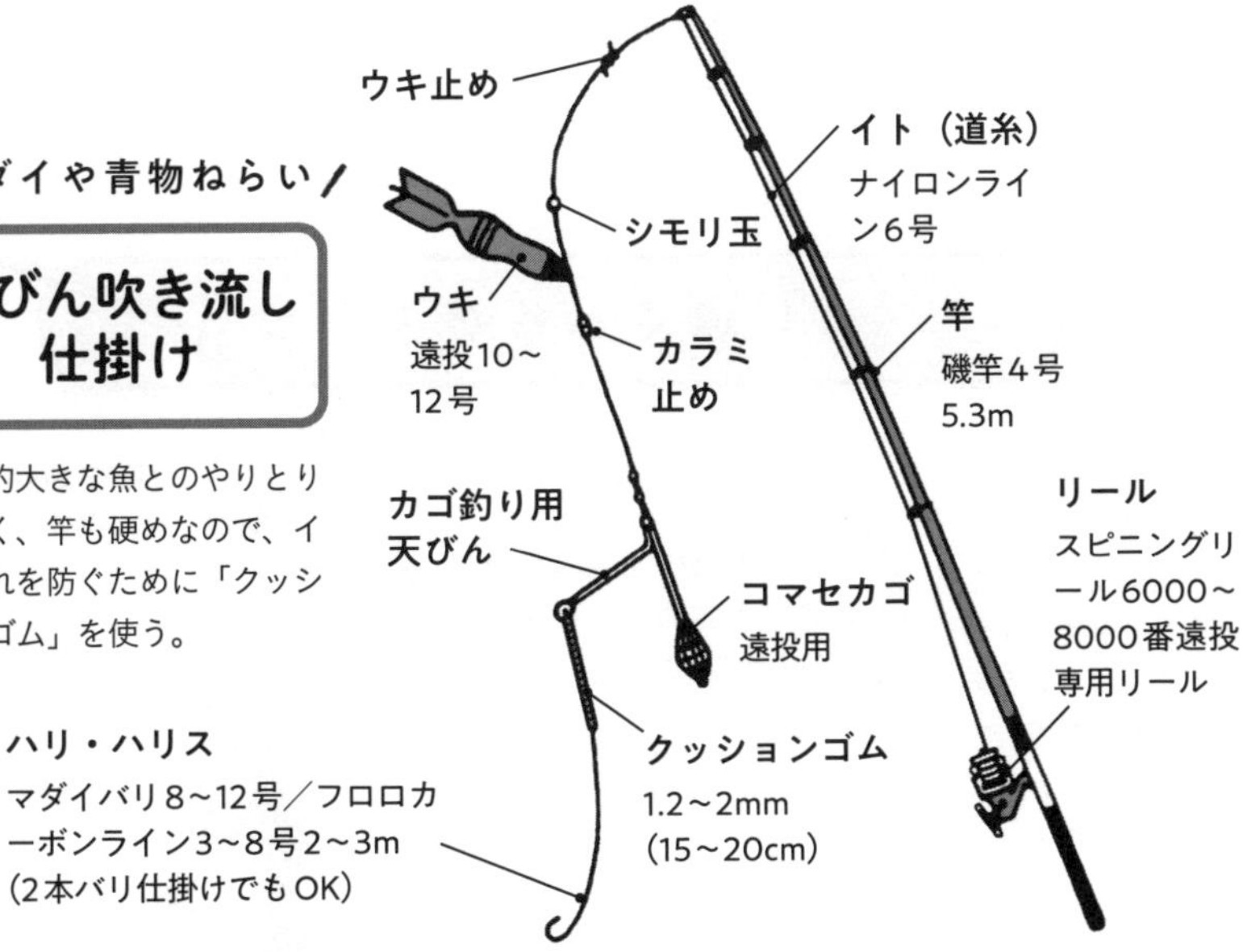

1本の竿で楽しむ

シーバスロッドでいろいろな釣りに挑戦

初心者こそ試したいフリースタイルの釣り

釣り竿は、対象魚や釣り方に合わせて選ぶのが基本。しかし、1本の竿でさまざまな釣りが楽しめたら……。そんな希望をかなえるのが「フリースタイル」と呼ばれる釣り方です。

9〜9・6フィートのシーバスロッドまたはショアジグロッドと、大型スピニングリール、PEラインとフロロカーボンラインのセットを用意したら、あとはその先の仕掛けやルアーを変えるだけ。ちょい投げ（p70）からエギング（p84）、ちょっとした遠投まで対応でき、いろいろな魚の五目釣りが楽しめます。どんな釣りがハマるかわからない初心者にこそおすすめのスタイルです。

より遠くへ投げるコツ

剣道の素振りのような要領で振り出し、しなりを利用して仕掛けを飛ばす。目線は下げないこと。投げ方を身につけるには実戦あるのみ。

ねらうポイント

消波ブロックや岩礁帯などの障害物周り、潮目、漁船の航路筋など

目線は斜め上45度

足は肩幅に開く

仕掛けだけを変えて楽しむ

同じ竿とイトでも、その先の仕掛けやルアーを変えることで、
さまざまな対象魚にアプローチすることができる。

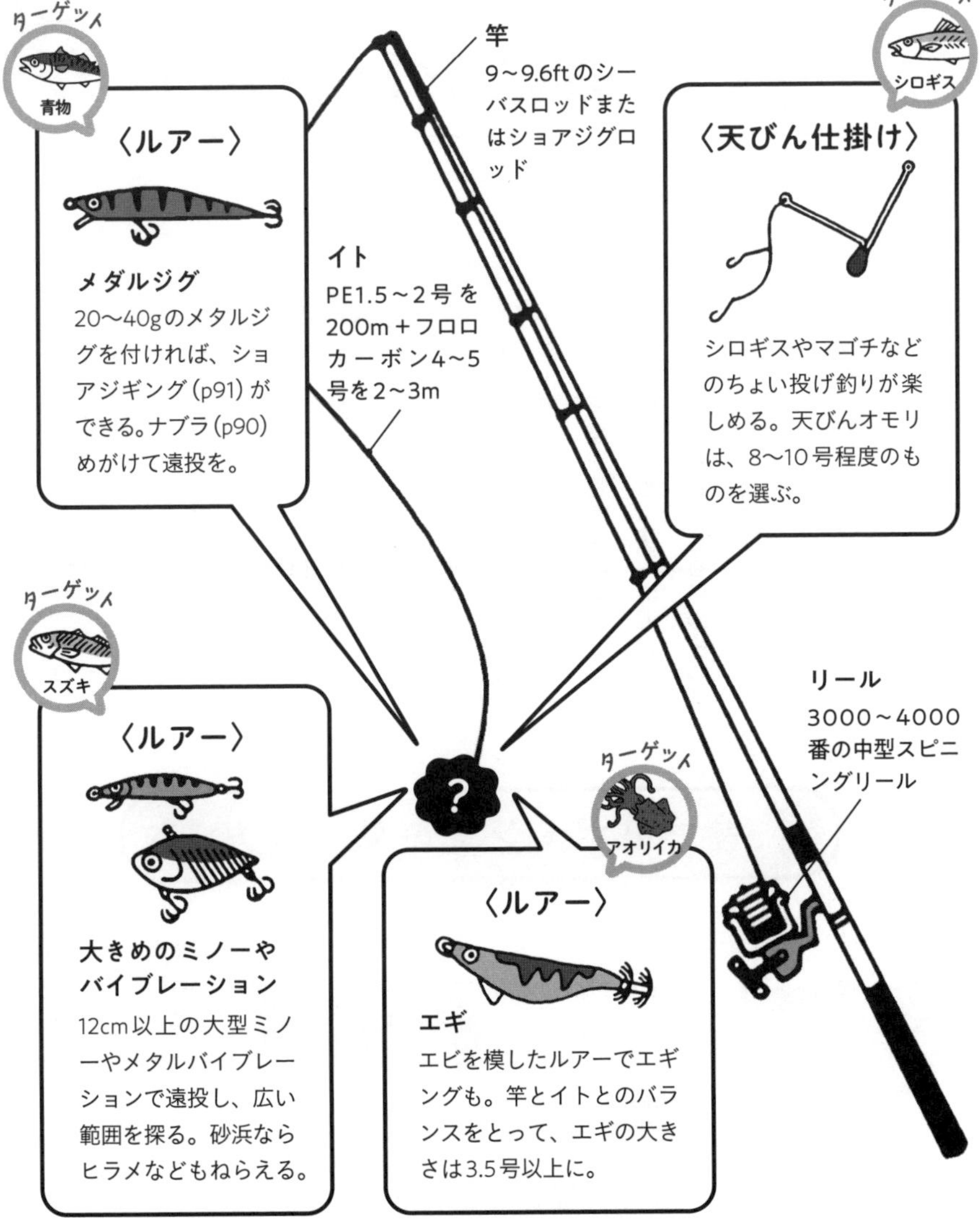

堤防からのルアー釣り

上手に誘いをかけて遠くの魚にアピール！

ねらうは大きめのフィッシュイーター

エサを付ける必要がなく、シンプルな仕掛けが人気のルアー釣り。堤防からのルアー釣りでは、小魚を捕食する大きめの「フィッシュイーター」をねらえます。なかでも、青物やシーバス（スズキ）をターゲットとしたルアー釣りは人気があります。

竿やルアーは対象魚に合わせて選びます。天候や時間帯によって食いつきが変わるため、状況に応じてルアーを選ぶのもおもしろさの一つ。あらかじめ釣り具店などでルアー選びのセオリーを確認しておくと良いでしょう。魚のいるポイントにルアーを投入したら、逃げまどう小魚の動きを演出して、魚を誘います。

海でのポイントの見つけ方

潮目

水温や濃度の異なる海水がぶつかり合う境目。

鳥山

海鳥が水面付近に集まっている状態。

ナブラ

海面から小魚がたくさん飛び出す現象。

対象魚にもよるが、潮目や障害物周りは基本的にねらい目。鳥山やナブラなど、小魚が集まっているサインを見逃さないことも大切。

ショアジギングタックル

〈仕掛けと道具〉

メタルジグは消耗品と考える。最低5個以上用意しておき、取り替えて使用する。

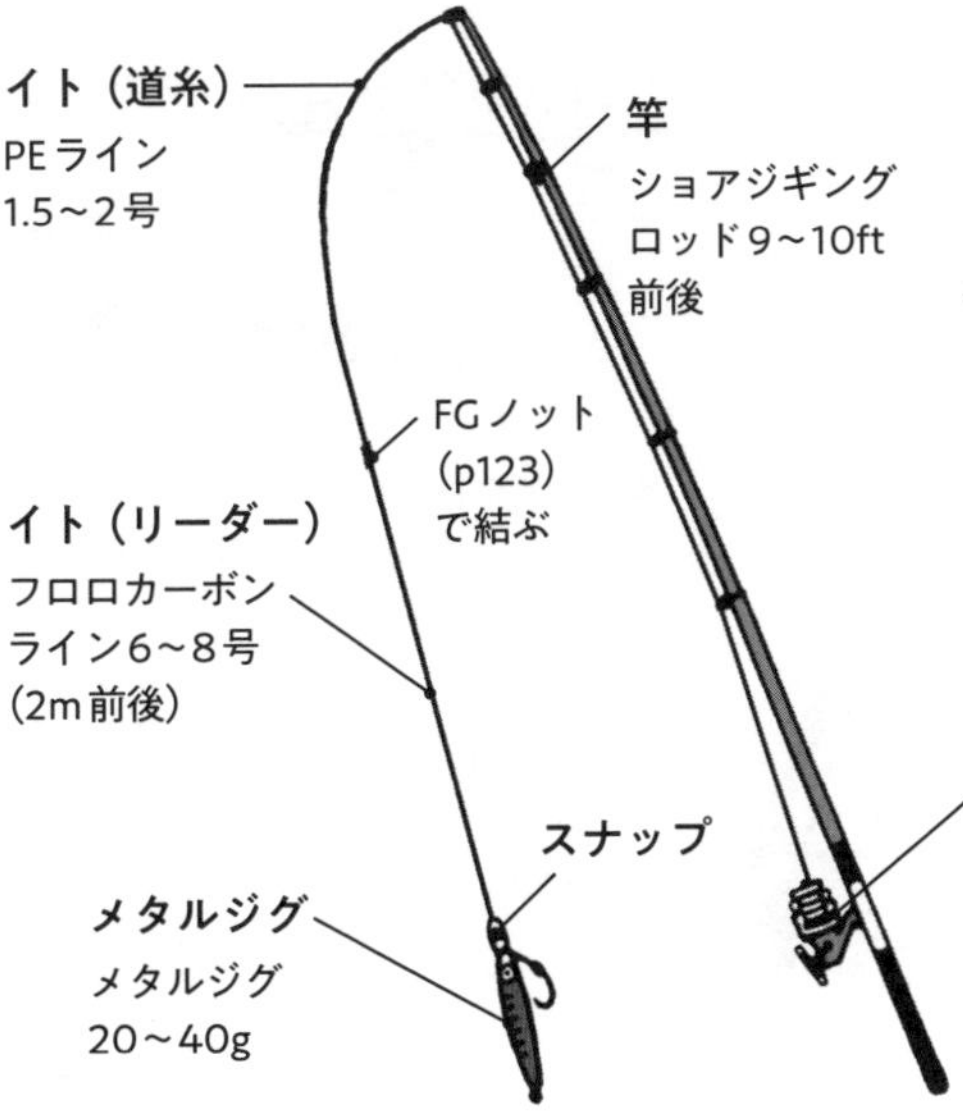

〈魚の誘い方〉

ハイピッチショートジャーク

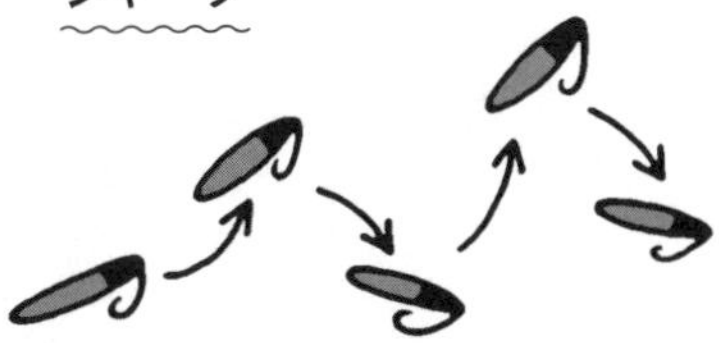

ロッドをしゃくるときにリールのハンドルを下げ（ルアーが上がる）、竿先を下げるときにハンドルを上げる（ルアーが下がる）。これをくり返す。

実釣！

着底後すぐに巻き始め 細かい動きで魚を誘う

ターゲットはブリやカンパチなどの回遊魚。潮通しの良い堤防や砂浜で、ナブラや鳥山（右図）を目安にポイントを探ります。岸に近づく時期を逃すと釣れないため、地元の釣り具店などで情報を集めましょう。

仕掛けが底についたら、上図の誘い方を参考にルアーを動かし、魚を誘います。根がかりを防ぐため、着底後すぐにリールを巻き始めます。

日によって釣れる場所の範囲は変わるため、広く探ってみましょう。ときどきリールを巻くのを止めて、メタルジグが自然に落ちるようにしたりして、魚が食いつく隙を与えるのも効果があります。

シーバスタックル

〈仕掛けと道具〉

ショアジギングタックル（p91）と同様、PEラインとリーダーを組み合わせるのが一般的。

〈時間帯別の選び方も〉

例 フローティングミノーなら…

日中

夜間

ルアー選びは繊細。日中ならナチュラルな色、夜間であれば目立つ色など、光量によって変える。

実釣!

ルアー選びが重要 事前に情報収集を

シーバスのエサとなる小魚が多いエリアを見つけ、小魚を待ち伏せするシーバスの動きを読みます。潮の流れの良い堤防の先端や、魚の通り道になっている航路の底、消波ブロック周辺がねらい目です。

仕掛けを投入したら一定のスピードで巻き取り、自然にルアーを泳がせます。

シーバス釣りでは、このルアー選びがもっとも重要。事前に釣り具店やインターネットなどで釣果情報を入手し、それを参考に選びましょう。表層、中層、底付近と、広い範囲をカバーできるよう種類を揃えておき、状況を見て付け替えます。

PART 4

覚えて安心！
釣り道具の基礎知識

竿にイト、リール、ハリ、ルアー……。
釣りにはさまざまな道具があり、
それぞれ種類も豊富。
初心者が自分で選ぶのは大変です。
基礎知識を身につけて、
釣り具店で相談して選びましょう。

道具選びの基本

ネットより実店舗で釣り具店は初心者の味方

釣りたいエリアを決め実店舗でスタッフに相談

初心者にとって「釣り具店」は、敷居が高く感じられるものです。初めての釣り道具は、手軽に利用できるネットショップなどで安く揃えようと考える人も多いでしょう。

しかし、一口に「釣り」といっても、対象魚や釣り方によってさまざまな種類の道具や仕掛けがあり、初心者が自分で選ぶのは至難の技。実店舗でスタッフにアドバイスをもらいながら、道具を選ぶことをおすすめします。釣り具店の目的は「釣り人口の裾野を広げること」なので、むしろ初心者こそ歓迎されます。

どこで何が釣れるのかわからないけれど「とにかく釣りをしてみたい」という人は、釣りたいエリアを決めて相談してみると良いでしょう。「近所の○○川で釣りをしてみたい」とか、「××キャンプ場の近くで海釣りがしたい」といった具合。エリアから対象魚が絞られれば、道具を選ぶ手がかりになります。

「○○川より△△川の方が、小魚が釣れるよ」「その場所なら今の季節は回遊魚が少ないから、根魚をねらった方が良い」など、季節や力量に合わせたアドバイスも期待できます。

どんな釣りをするか相談しよう

釣りの道具は、場所や対象魚に合わせて選ぶのが基本。アドバイスをもらいながら「やりたい釣り」を具体的に決めよう。

NG

いろいろ釣れる道具一式をください！

対象魚を決めてから道具を選ぶ方が、効率が良い。

NG

初めてですが磯でタイを釣りたいんです

初心者には難しい釣りも。対象を絞りすぎないで。

OK!

〇〇へ行って〇〇を釣りたいんです

場所と対象魚を大まかに決めると相談しやすい。

＋

予算

道具の値段はピンキリ。大体の予算を決めておくと選びやすい。

だったらこれですね！

例）防波堤でアジのサビキ釣り

買った道具を基準にして、できる釣りの範囲を広げていくのも良い。

竿（ロッド）

汎用性より専門性 釣り方に合わせた1本を

FISHING ROD

硬さや曲がり方など微妙な違いがある

仕掛けを操作するのが、釣り竿の役目。大抵の場合、持ち運びや収納しやすいよう、節を継いだり伸び縮みさせたりすることで短くしまえる構造になっています。軽くて弾力性のあるカーボン素材と、安価で丈夫なグラスファイバー素材が主流です。

釣り竿にはさまざまな種類があります。ガイド（イトを通す穴）の有無で2種類に大別され、さらに釣り方や対象魚によって、硬さや調子（竿がどの部分で曲がるか）に微妙な違いがあります。最初の1本を選ぶとなると、どんな釣りにも対応できるものを求めがちですが、釣り方に合わせて用意するのが理想的です。

Q 本体の数字やアルファベットは何を表す？

	エサ釣り用の竿	ルアーロッド
軟	1号	UL（ウルトラライト）
↑		L（ライト）
		ML（ミディアムライト）
		M（ミディアム）
↓		MH（ミディアムヘビー）
硬	5号遠投	H（ヘビー）

A 硬さやパワーを示している。

竿はしなりやすさに幅がある。仕掛けの投げやすさ、掛かった魚とのやりとりにかかわる。一般的に初心者は中間クラスの硬さが扱いやすいとされるが、釣り方によって異なるので店のスタッフに相談しよう。

ガイドの有無で大別される

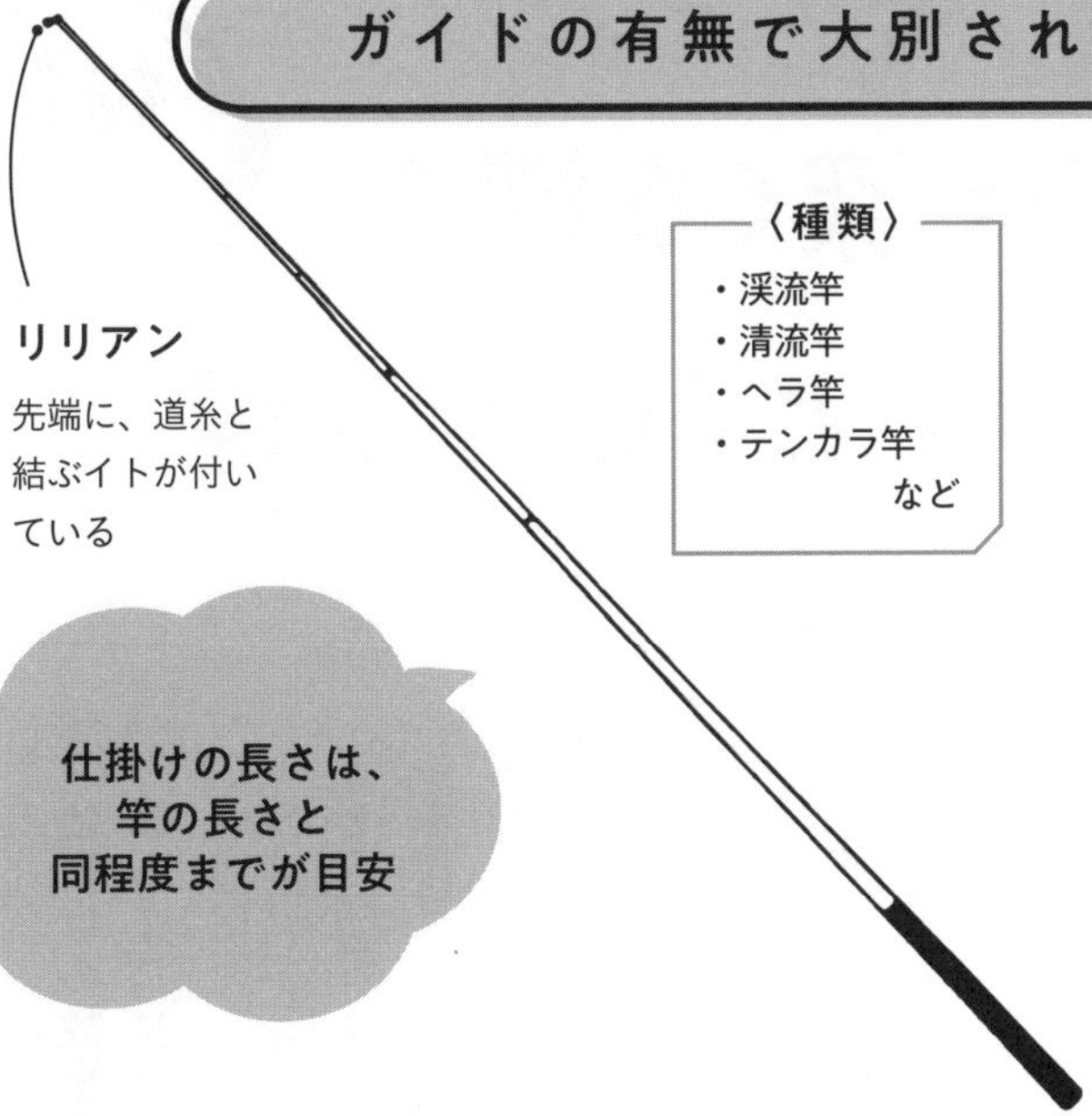

＼ガイドなし／
のべ竿

万能竿と呼ばれることも。仕掛の長さが決まっているため釣れる範囲や水深が制限されるが、釣り方によっては防波堤などでの釣りにも使用できる。

〈種類〉
- 渓流竿
- 清流竿
- ヘラ竿
- テンカラ竿

など

リリアン

先端に、道糸と結ぶイトが付いている

仕掛けの長さは、竿の長さと同程度までが目安

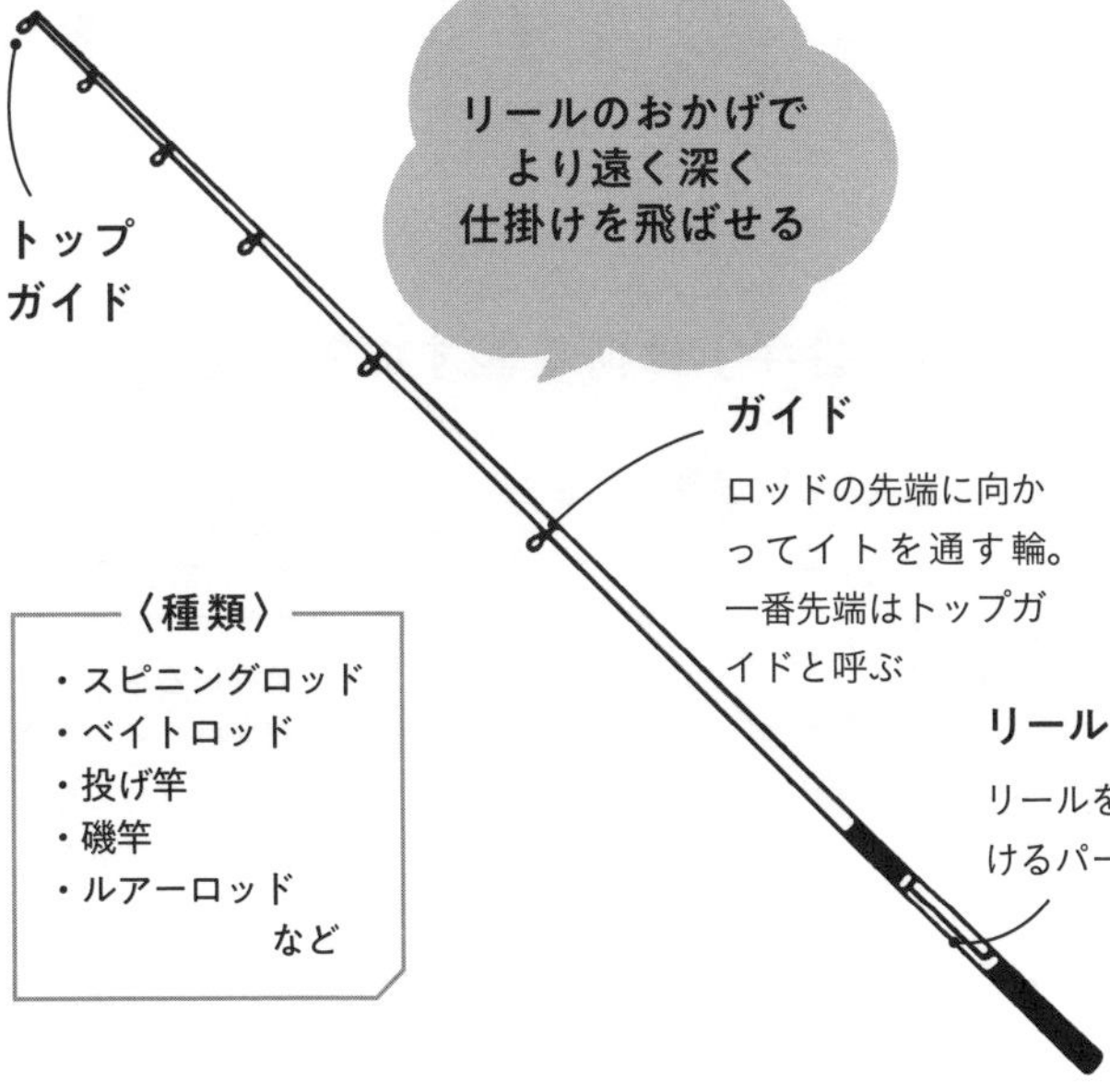

＼ガイドあり／
ガイド竿

リールと組み合わせ、イトを出し入れして使う。対象魚や釣り方に特化した「○○ロッド」なども、ガイド竿の一種。

リールのおかげでより遠く深く仕掛けを飛ばせる

トップガイド

ガイド

ロッドの先端に向かってイトを通す輪。一番先端はトップガイドと呼ぶ

リールシート

リールを取り付けるパーツ

〈種類〉
- スピニングロッド
- ベイトロッド
- 投げ竿
- 磯竿
- ルアーロッド

など

リール

遠く深くを探る 海釣りでとくに大活躍

仕掛けの放出や回収をスムーズにする道具

リールは、竿と組み合わせて使うことで仕掛けを遠く深くまで投入できる道具。構造によって2種類に大別され、スプール（イト巻き）を回転させてイトを巻き取るタイプ（ベイトリールなど）と、スプールを固定したままイトを巻き付けるタイプ（スピニングリール）があります。

初心者には、汎用性の高いスピニングリールがおすすめ。管理釣り場や海でのルアー釣りや、防波堤からの投げ釣りに使えます。

ちなみに、リールを購入したらスプールにイトを巻いて使いますが、初心者には難しいため、購入時に釣り具店で巻いてもらいましょう。

Q リールの「番手」は何を表すの？

大 ⟷ 小

4000番以上

大物釣りに

カゴ釣りやショアジギング(p91)などに。

3000番

ちょい投げに

太めのイトも巻ける。サビキやルアー釣りにも。

2000番

小物釣りに

リール自体も軽い。小型回遊魚やフカセ釣りに。

A リールの大きさ。大きいほど多く巻ける

大きいほど、イトを巻ける量（ラインキャパシティ）が多い。イトの太さによっても巻ける量は異なるため、釣り方や対象魚に合わせたイトとセットで考える。初心者は3000番程度が使いやすい。

小さな部品に機能が満載

リールは投げ釣りやルアー釣りに欠かせない。各機能の役割と使い方を知って、上手に使おう。

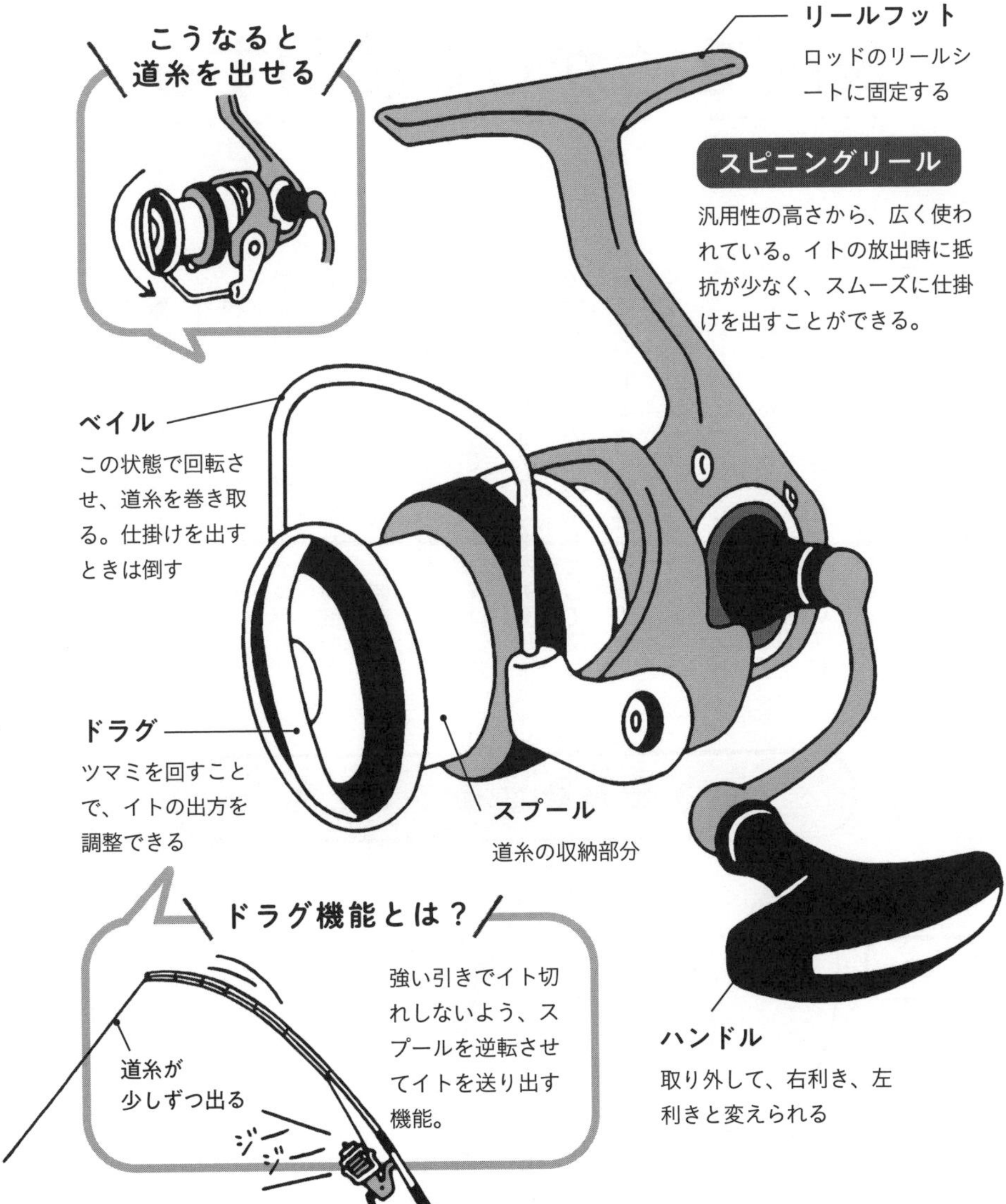

素材は主に3種類 長所を活かして使用する

釣り方に適した素材と太さを選ぶ

釣りイトの素材は主に、ナイロン、フロロカーボン、ポリエチレン（PE）の3種類。それぞれの特徴を活かして使用します。安くて伸びの良いナイロンラインは一般的にリールに巻くイトとして、丈夫なフロロカーボンラインは水中に絶えず浸かっている仕掛けの先のイトとして使われます。PEラインは、比較的新しく登場した素材で、ルアー釣りで人気。釣り方に適した種類と太さ（号数表示される）を選びましょう。

　また、イトは長く使えるものではなく劣化します。いざというときに切れて魚を逃さないよう、交換やメンテナンスにも気をつけましょう。

組み合わせて使うことも

イトは役割ごとに名前があり、組み合わせて使うことが多い。主なものに、「道糸」（リールや竿から仕掛けまでを結ぶイト）と「ハリス」（道糸の先に結ぶイト）がある。ルアー釣りなどではイト1種で行うことも。

素材によって適材適所

釣りに適したイトを選んだり、組み合わせて使うためには、素材ごとの長所と短所を知っておくことが大切。

	ナイロンライン	フロロカーボンライン	PEライン
特徴	**長所** ・ほかのイトより安価 ・種類が多い ・軟らかく伸びがあり、クセがつきにくい	**長所** ・劣化が少ない ・衝撃や摩擦に強い ・光の屈折率が水と近く、水中で魚から見えにくい	**長所** ・引っ張り強度が高い ・しなやかでクセがつきにくい
	短所 ・劣化が早い ・摩擦に弱い	**短所** ・伸縮性が少ない ・硬いので巻きグセがつきやすい	**短所** ・ほかのイトより高価 ・専用の結び方でないと結束できない ・根がかりや魚の歯で切れやすい
交換・メンテナンス	釣行ごとに先端5m程度を切り捨て。道糸として使うときは、リールごと洗って塩分を落とす。	ハリスとして使用することが多く、根がかりや岩などに擦れて傷むので、ほとんどの場合は使い捨て。	劣化が少なくほかの素材より長く使える。切れて短くなったり、表面に毛羽立ちが見られたら交換を。

ウキ

形も色も多種多様 魚のアタリがまるわかり

深い場所でもウキ釣りは可能

ウキの最大の役割は、魚からの反応（アタリ）を教えることです。上級者ともなればイトなどに現れるかすかな変化から水中の様子がわかりますが、慣れないうちは難しいもの。魚の動きがよくわかるウキを使った釣りは、初心者向けです。

よく使われるのは、固定式ウキや遊動式ウキ（下図）です。遊動式は深いところもねらえるので、磯釣りで使われることもあります。そのほかにも、発泡素材の小さなものや、羽根付きで遠くまで投げやすいもの、夜釣り向けに発光体が付いたものなど、形も大きさも多種多様。釣り方や対象魚に合わせて選びます。

固定式と誘導式に大別される

遊動式ウキ

ウキの真ん中の穴や、先端に付いた環にイトを通して使うため、ウキの位置が自在に動くようになっている。

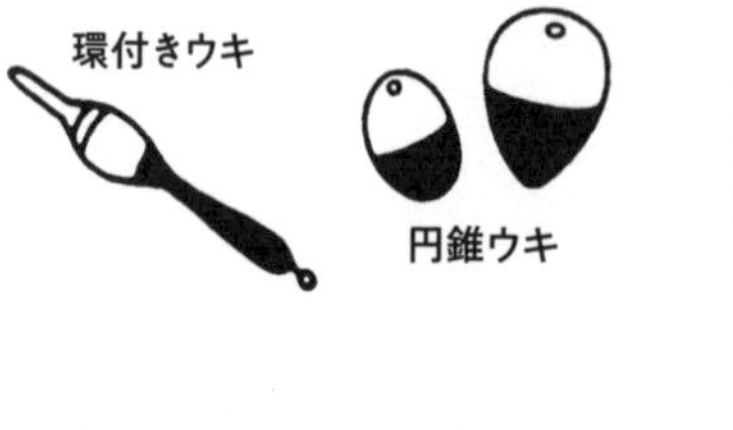

固定式ウキ

イトに取り付けた小さなゴム管に、尖った部分を差し込んで固定する。初心者には玉ウキがもっとも使いやすい。

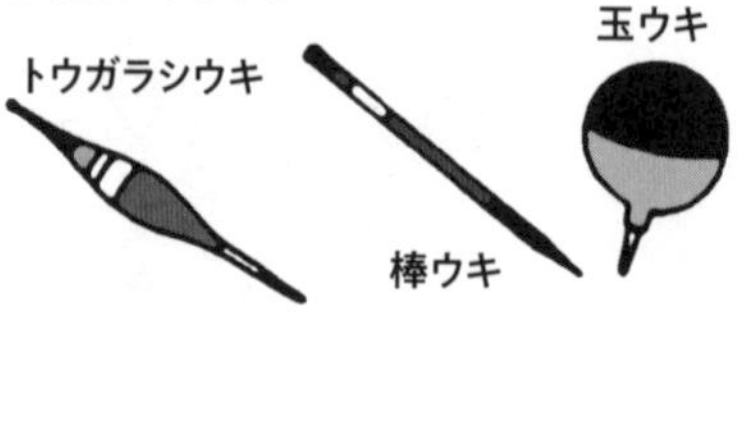

釣る場所によって使い分ける

釣り方によっても変わるが、一般的に水深の浅い場所では固定式ウキを、深い場所では遊動式ウキを使用する。

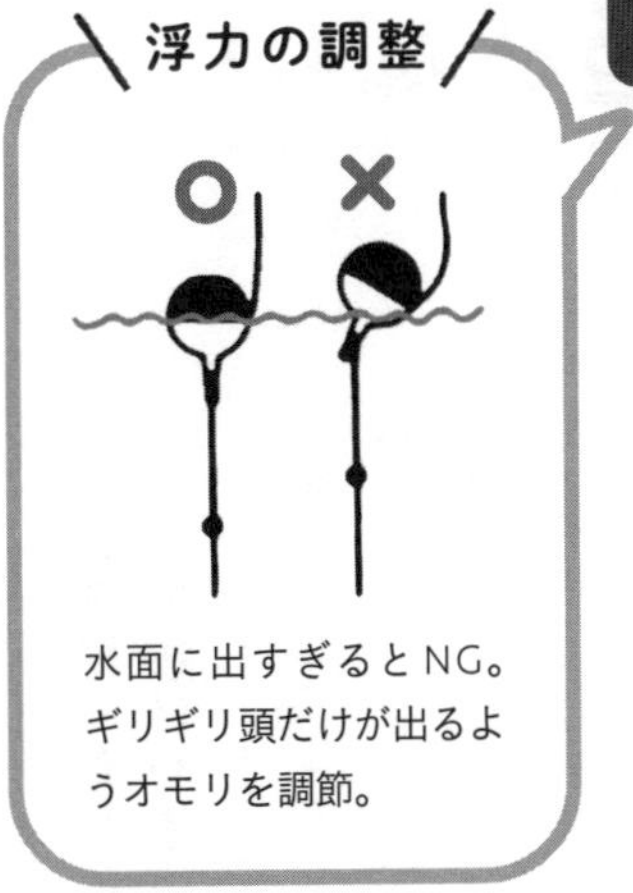

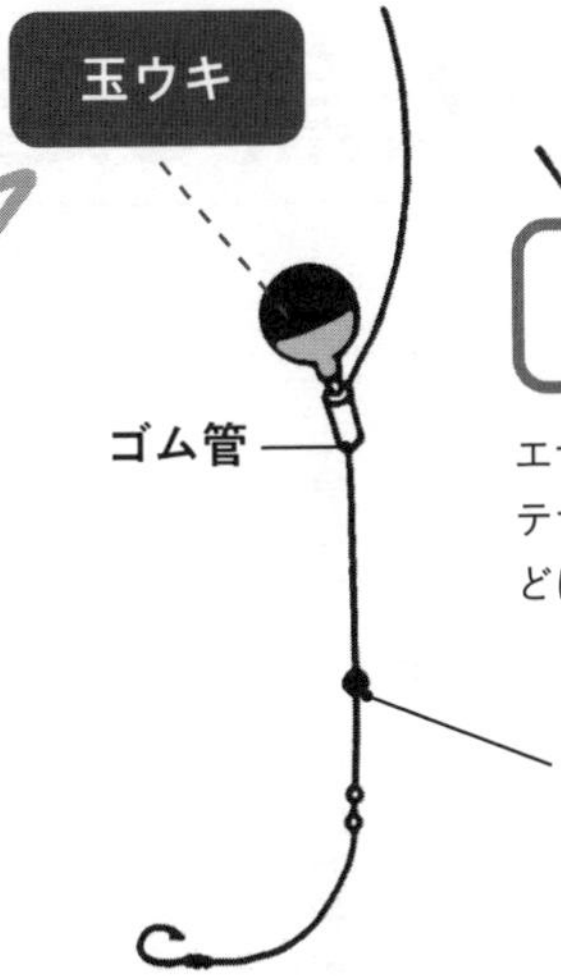

＼水深の浅い川など／

固定式ウキ

エサ釣り（p20）、川での小魚やテナガエビ釣り（p46、p54）などに適している。

オモリ

ウキのサイズに合う重さ

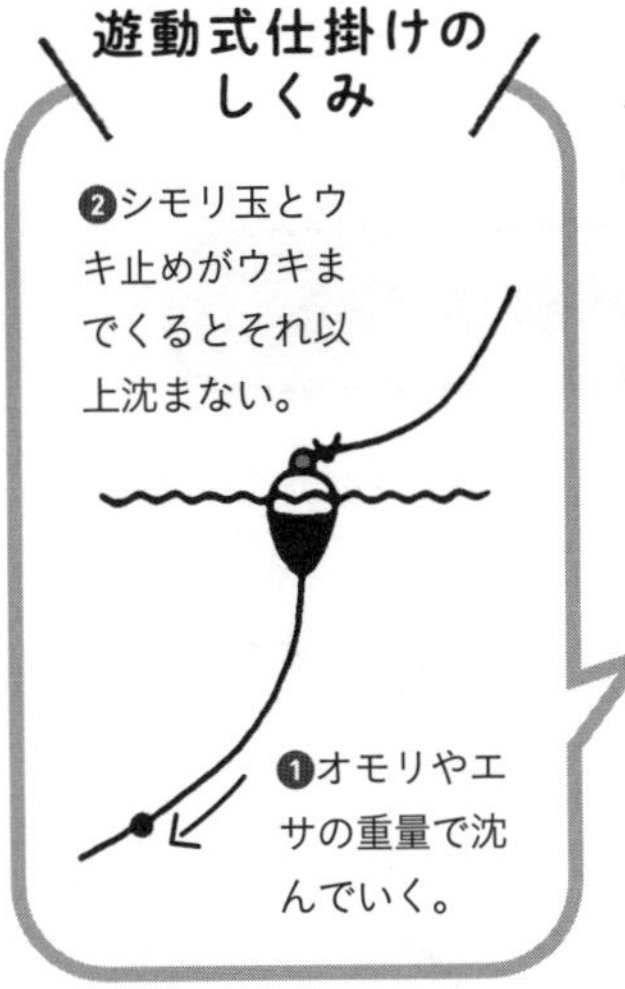

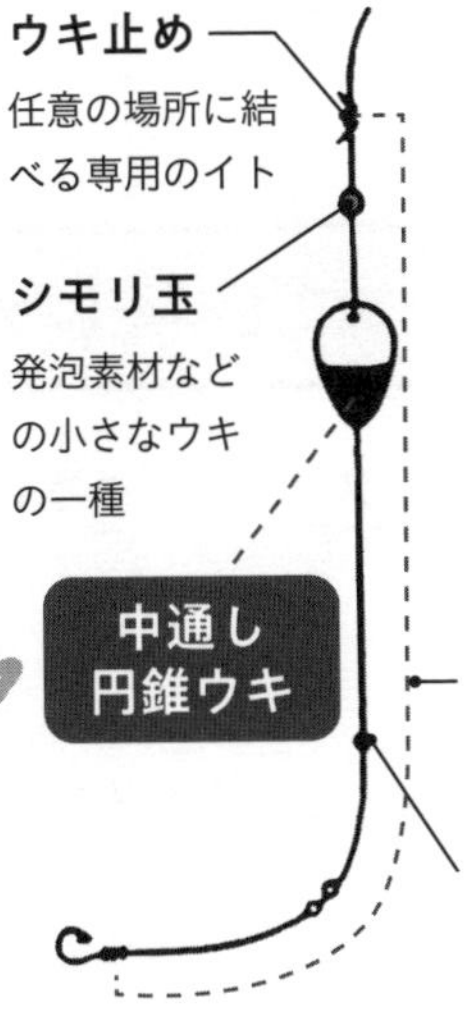

＼水深のある川や海など／

遊動式ウキ

海でのウキフカセ釣り（p82）や、船からのウキ釣りなど、より遠く深い範囲をねらう釣りで使う。

ウキ下

ねらいたい水深

オモリ

ウキに対応したもの

ハリ

FISHING HOOK

抜けにくい構造で掛かった魚を逃さない

ケガを防ぐためにはあえて抜けやすいハリも

魚を掛けて逃さないことが、釣りバリの役割。魚の口の大きさや形、エサの食べ方などに合わせ、さまざまな種類があります。とくに海釣り用のハリの種類は膨大で、初心者はどれを選ぶべきか迷うところ。汎用性が高いのはチヌバリですが、釣り具店のスタッフに対象魚や釣り方を伝えて、相談すると確実です。

また、多くのハリにはカエシ（バーブ）があり、一度刺さると簡単には抜けない構造になっています。釣りでは大切な機能ですが、万が一手などに刺さると大ケガにつながることも。初心者や子どもの釣りではカエシのないタイプを選ぶと安心です。

形によって2種類に大別される

イカリ型のハリ（トリプルフック）

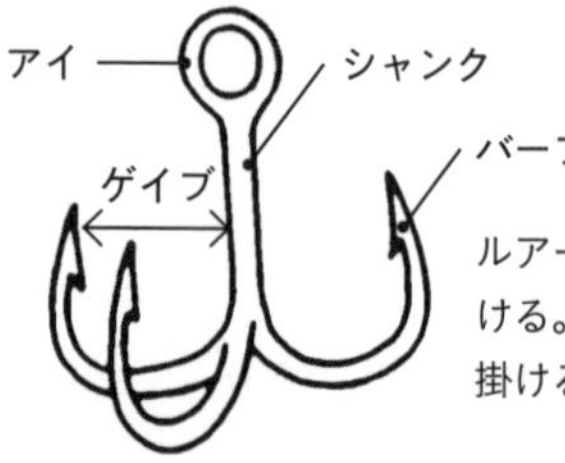

ルアーに取り付ける。魚に引っ掛ける要素も。

1本のハリ（シングルフック）

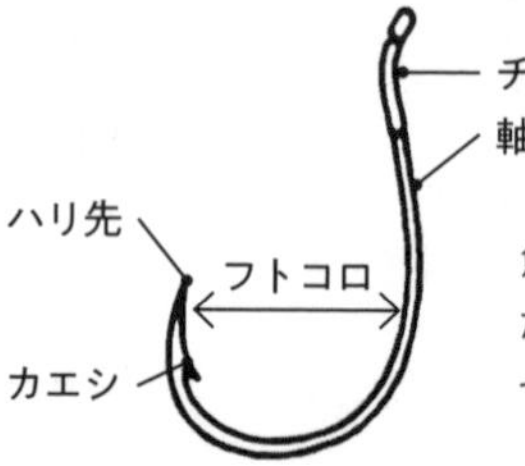

魚にくわえさせたり、飲み込ませて掛ける。

口や食べ方に合わせた形

魚の口の形や食べ方に合わせて多種多様なハリがある。下はその一例。比較的汎用性があり、安全なものがおすすめ。

袖型

軸が長く、エサを付けやすい。海でも川でも小物釣りに適している。

流線型

軸が長く、口が細い魚にも対応。キスやカレイなどの投げ釣りに。

チヌバリ

フトコロが広いのが特徴。メバルやウミタナゴなどのウキ釣りにおすすめ。

トリプルフック

ルアー釣りで、主にミノーなどのルアー（p111）に取り付けて使う。

バーブレスフック

カエシがなく抜けやすい。キャッチ＆リリースの釣りに。

マスバリ

ヤマメなど渓流で釣れる魚を対象に、ハリ掛かりの良さを追求した形。

サイズは魚の大きさに合わせる

ハリのサイズは号数表示され、魚の大きさに合わせて選ぶ。例えば、チヌバリの目安は右の通り。

魚の大きさ	ハリの号数
10cm以下	3号
10～20cm	5号
20～30cm	8号

オモリ

仕掛けを操る道具　釣り方ごとに使い分け

ハリや仕掛けと一体になっているものも

オモリは、魚が泳いでいる水深に仕掛けを沈めて留めたり、仕掛けを遠くまで飛ばしたりするために付ける重要なパーツです。

素材は、比重が重くて比較的安価な鉛が主流です。重さや形の種類が豊富で、仕掛けやハリと一体になっているものや、薄くて軟らかい鉛を指先でちぎって使う板状のオモリなど、ユニークなものも。投げたり重量を微調整したりしやすいよう、さまざまな工夫が施されています。

水深や飛ばしたい距離によって使い分けます。初心者が選ぶのは難しいことも。店のスタッフにアドバイスをもらいましょう。

Q オモリの「号数」は何を表すの？

数字は小さいほど重い

B表記は大きいほど重い

号数	重さ（g）
4	0.2
3	0.25
2	0.3
1	0.4
B	0.6
2B	0.8
3B	1.0
4B	1.2
5B	1.9

A 重さを表すが、表記や種類は複雑

多くの場合、オモリの重さは号数表記されている。種類やメーカーによってばらつきがあり、同じ号数でも微妙に重さが異なる。まずは号数で選ぶ。また、ガン玉オモリのサイズ表記は複雑なので注意（左表）。

釣り方に合わせて種類を選ぶ

釣り方やねらいたい水深によって、種類や重さを決める。選ぶのが難しいときは、オモリまで付いた仕掛けセットが便利。

＼ウキ釣りで使うオモリ／

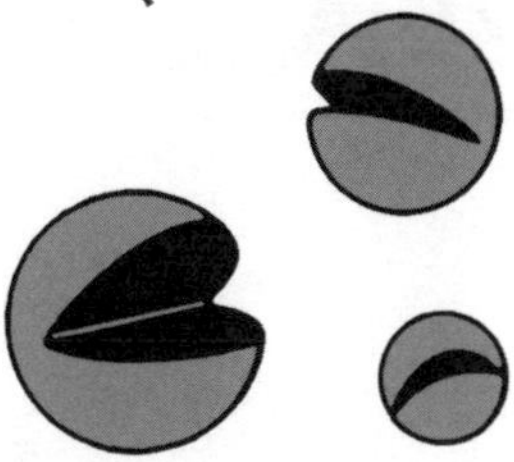

ガン玉オモリ

ウキ釣りで主流。ウキの浮力調整や、仕掛けの沈み方の調整に使う。割れ目にイトを挟み、しっかり閉めて固定する。

＼投げ釣りで使うオモリ／

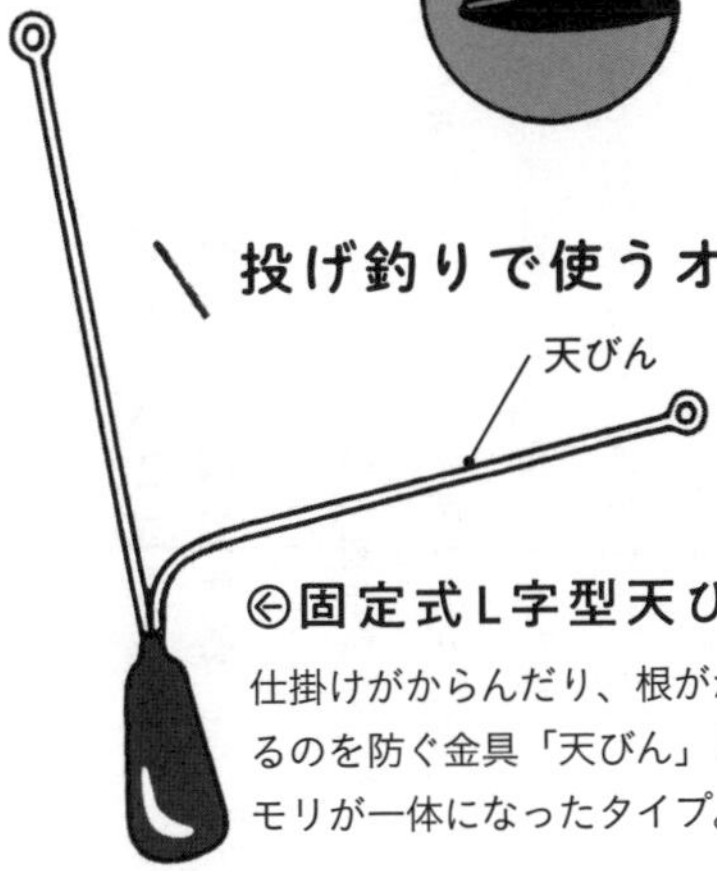

固定式L字型天びん

仕掛けがからんだり、根がかりするのを防ぐ金具「天びん」と、オモリが一体になったタイプ。

＼さまざまな釣りで使うオモリ／

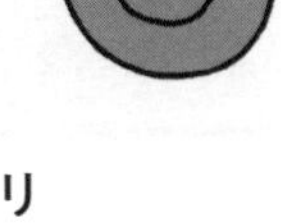

ナス型オモリ

防波堤からのサビキ釣りなどに。上部の金具にイトを通して使う。

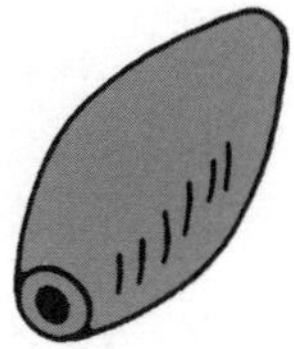

中通しオモリ

主に投げ込み釣りに使われる。根がかりを回避しやすい形。

など

＼ハリと一体化したオモリ／

ジグヘッド

ルアー釣り用のオモリ。ハリに疑似餌を付けて投げる。

ブラクリタイプ

根魚釣り（p32）で消波ブロックや岩の隙間に素早くエサを落としたいときに。

など

エサ

生きエサが苦手なら本物みたいな人工エサも

生きエサも人工エサも釣り具店で調達できる

釣りで使うエサは、対象魚がいつも食べているものを使うのが一番。現地で採取した幼虫や釣った魚をエサとして使う釣り人もいますが、初心者にはハードルが高いので、釣り具店で販売されているエサを利用しましょう。川釣りではアカムシやブドウムシ、海釣りならアオイソメなどのゴカイの仲間がよく使われます。動く生きエサに抵抗があるなら、小麦粉やさなぎ粉を配合した練りエサや、生きエサに近い味や食感を再現した人工エサを使うのも手です。

種類だけでなく付け方も大切。魚を誘いやすく、すぐに外れないような付け方を工夫しましょう。

魚を誘う付け方いろいろ

アカムシ・イソメなど

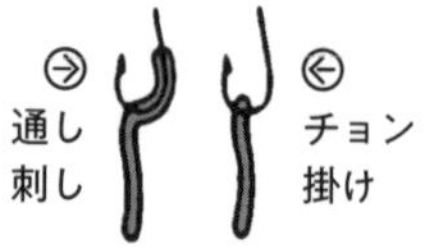

小さなアカムシは頭に刺す。ゴカイ類は１匹丸ごとや、短く切ってハリに掛ける。

オキアミ

基本は腹掛け。対象魚以外にエサを取られやすいときや遠投するときは背掛け。

練りエサ

付ける前にしっかり練ると、粘りがでて外れにくい。ハリを隠すように付ける。

普段食べているものなら食いつき◎

〈 川釣り用 〉

＼人工エサ／

↑練りエサ

粉末状のものに水を加えて耳たぶくらいの硬さに練るか、あらかじめ練られたものを使う。

＼生きエサ／

↑カワムシ

↓ウキ下

↑ブドウムシ

↓イクラ

アカムシやブドウムシ、イクラは市販品を利用。カワムシは川底の石裏を探って現地調達。

〈 海釣り用 〉

＼人工エサ／

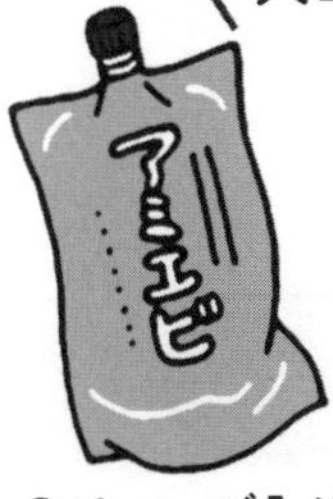

↑チューブ入り

↓イソメを模したエサ

ダンゴ状やチューブ入りのほか、生きエサを模した人工エサなど。冷凍アミをベースにしたコマセ用の配合エサもある。

＼生きエサ・冷凍エサ／

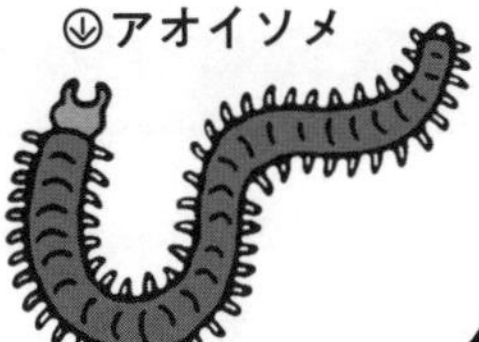

↓アオイソメ

↓オキアミ

ゴカイの仲間が一般的。長いものはちぎって使うことも。エビに似たオキアミは、生のほかボイルや冷凍でも販売されている。

ルアー

FISHING LURE

動いたり光ったり リアルな魅力で魚を誘う

一つだけでは不十分 数種類を用意して

ルアー釣りは、エサ釣りよりも仕掛けがシンプルで手軽に楽しめるとあって、人気のある釣り方です。管理釣り場でのルアー釣り（p62）や堤防からのルアー釣り（p90）など、川でも海でも楽しむことができます。

　ルアーの色や形、構造はさまざまで、それぞれ動きや特性が異なります。まずはねらう対象魚に合わせて選びましょう。ただし、天候や魚の気分によって食いつきの良し悪しが大きく変わるので、一つだけでは不十分。色やタイプの違うルアーを数種類用意することが大切です。同じ形のルアーでも、色を変えるだけで釣果が左右されることもあります。

状況に合わせて使い分ける

水の透明度

水が濁っているときは、目立つカラーにした方が魚にアピールできる。

光量

晴れていればナチュラルな色、曇りの際はアピール力の強い派手な色を。

魚の活性

活性が低いときは、ルアーの種類や色をいろいろと変えて反応を見る。

…etc

ルアーは天候や魚の状態に合わせ、臨機応変に選ぶことが大切。潮の流れなどによっても変わるため、経験を積み、繊細な使い分けを身につけたい。

魚の興味をひく仕掛けが満載

魚そっくり！

＼ミノー／

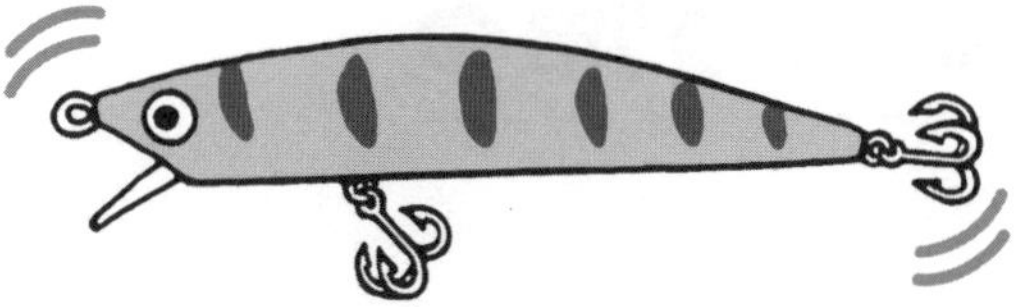

体を揺らし、魚のような動きでアピールできる。水面から中層で使用。

ルアーの起源

＼スプーン／

金属製で、ひらひらとした動きと反射光で魚を誘う。マス類の釣りには欠かせない。

回ってアピール

＼スピナー／

引くとブレードが回転し、その振動ときらめきで魚をひきつける。

水面を泳ぐ

＼ポッパー／

開いた口に水を受けるように引き、しぶきや「コポッコポッ」という音で誘う。

深部で輝く

＼メタルジグ／

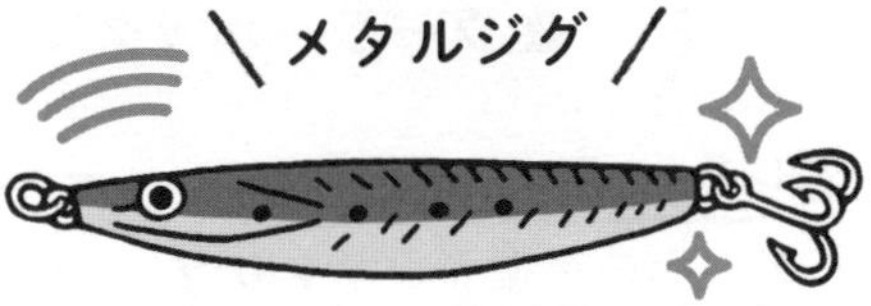

深場の魚を誘うルアー。金属製で重いため、小さくても遠投できる。

ブルブル震える

＼バイブレーション／

ブルブルとした小刻みな振動でアピールする。振動と共に音が出るものもある。

釣ったらどうする？ 川編

その場でさばいて塩をふって持ち帰る

魚が暴れるときはしとめてからさばく

エサ釣りでは魚がハリを飲み込んで弱ってしまうことが多いため、漁協からリリースするよう指示されているエリア以外では、釣った魚は持ち帰るのが基本。おいしく食べるために、釣った魚の鮮度をできるだけ損なわずに持ち帰りましょう。

川魚はその場でさばき、しっかり冷やして持ち帰ります。魚が暴れてうまくさばけないときは、「脳締め」でしとめてから処理をします。

クーラーボックスには、氷や保冷剤（中身を凍らせたペットボトルでも可）を入れておきます。魚に直接触れると傷むため、新聞紙などを敷いてから魚を入れてください。

Q クーラーボックスはどんなものが良い？

A レジャー用より高機能な釣り用の小型がおすすめ

安価なレジャー用でも代用できるが、使いやすさを考えるなら、右図のような釣り専用の機能が搭載されたタイプがおすすめ。初心者が１回に釣る量を考えると、容量15ℓ程度の小型のもので十分。

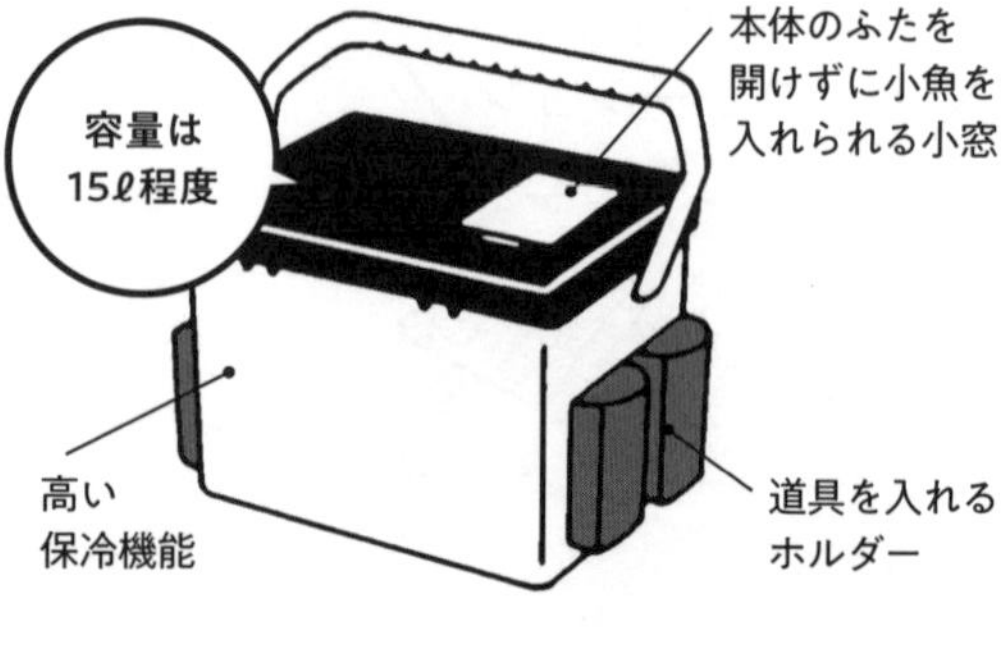

内臓や血合いを取って持ち帰る

エサ釣りができる管理釣り場では、「魚さばき場」があるところが多い。内臓やエラをきれいに処理してから持ち帰ろう。

1 「脳締め」でしとめる

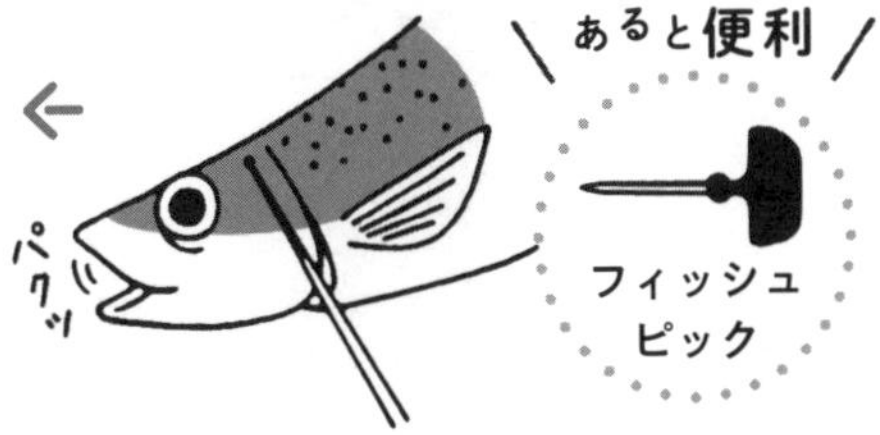

こめかみにピックを刺してねじる。口を開けて動かなくなったら絶命のサイン。

2 腹を切り開く

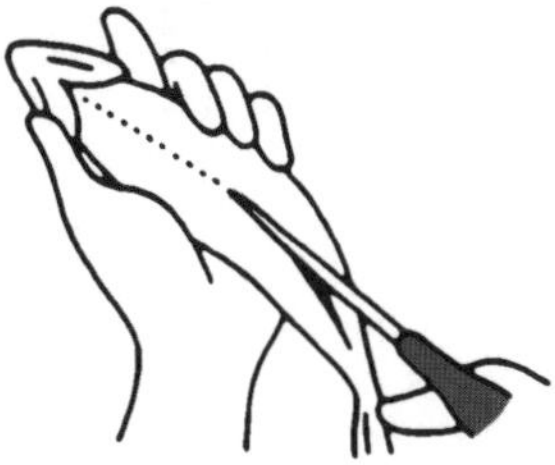

魚の腹を上にして持つ。肛門からハサミを入れ、下顎の先端まで切る。

3 内臓とエラを取る

内臓の下に指を入れ、中骨に沿って頭までしごく。エラも指でしごいて取る。

4 血合いを取る

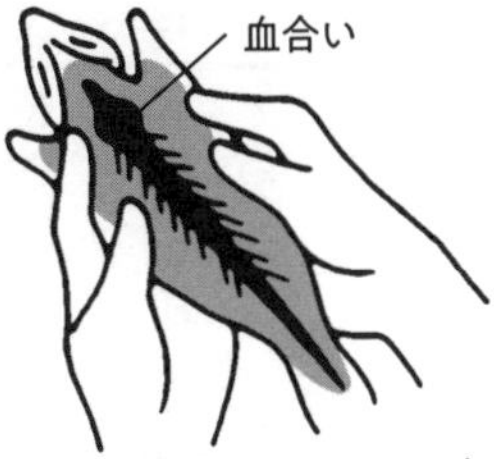

中骨に沿って血合いがある。膜を破って指でしごいて取り、流水で洗い流す。

5 塩をふってクーラーボックスへ

水気を取って塩をふり、ビニール袋に入れ、クーラーボックスへ。

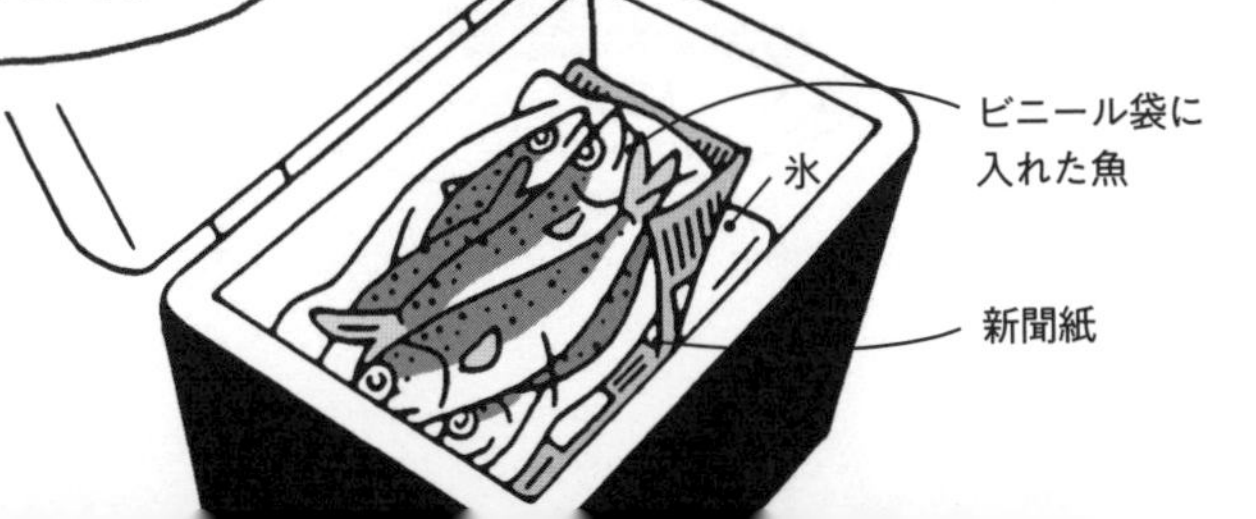

釣ったらどうする? 海編

小魚は生きたまま冷たい塩水へドボン!

手軽にできて鮮度も保てる「氷締め」

サビキ釣りなどでは、季節や場所が合って魚の回遊にうまく当たれば、イワシや小アジなどの小さな魚が、次々にたくさん釣れることがあります。そんなときに便利なのが、「氷締め」です。

　氷締めは、氷で冷やした海水（潮氷）につけることで、魚を絶命させる方法です。あらかじめ、クーラーボックスの中に潮氷を作っておき、魚が釣れたら生きたまま、片っ端から入れていきましょう。入れた魚は徐々に動きが緩慢になり、やがて絶命します。簡単にできるうえ、鮮度を保ったまま持ち帰ることができるおすすめの方法です。

青物や大きめの魚は血抜きする

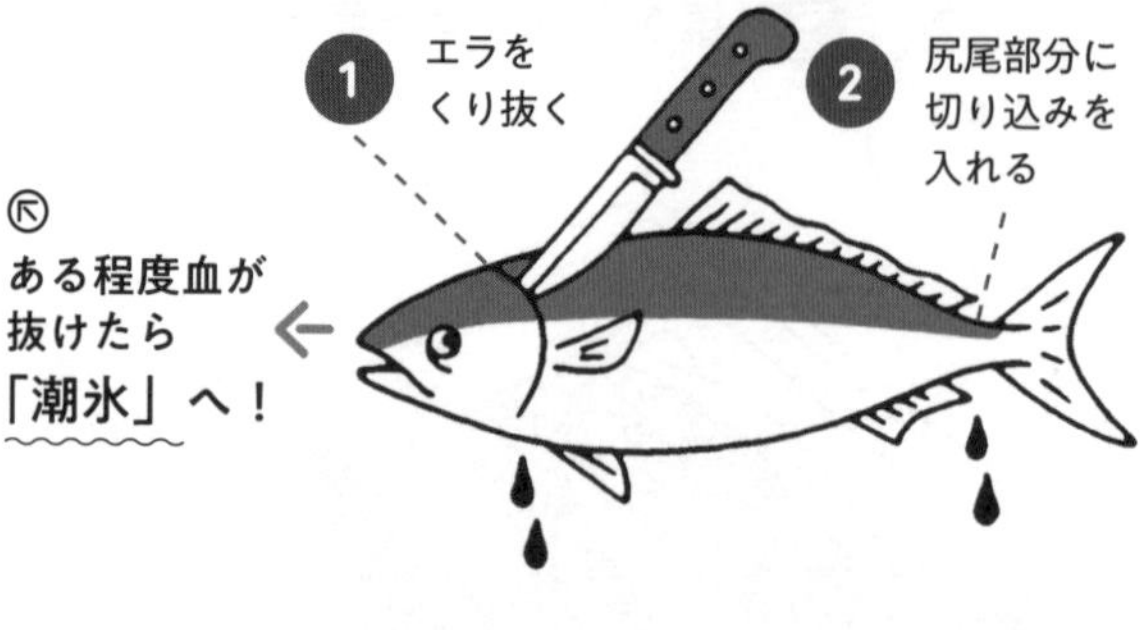

スズキやカレイなど、中型サイズ以上の魚は「活け締め」にする。まず、エラをくり抜くように上部から中骨まで包丁を入れ、延髄を切断。尾の付け根に切り込みを入れ、海水を入れたバケツにつけて血抜きする。

釣りを始める前に潮氷をセット

釣れたらすぐに入れられるよう、釣り場に着いたらまず海水を汲んで「潮氷」を作っておこう。

1 氷をセットする

氷や保冷剤、中身を凍らせたペットボトル（破裂を防ぐため冷凍専用のものを選ぶ）などをクーラーボックスに入れておく。

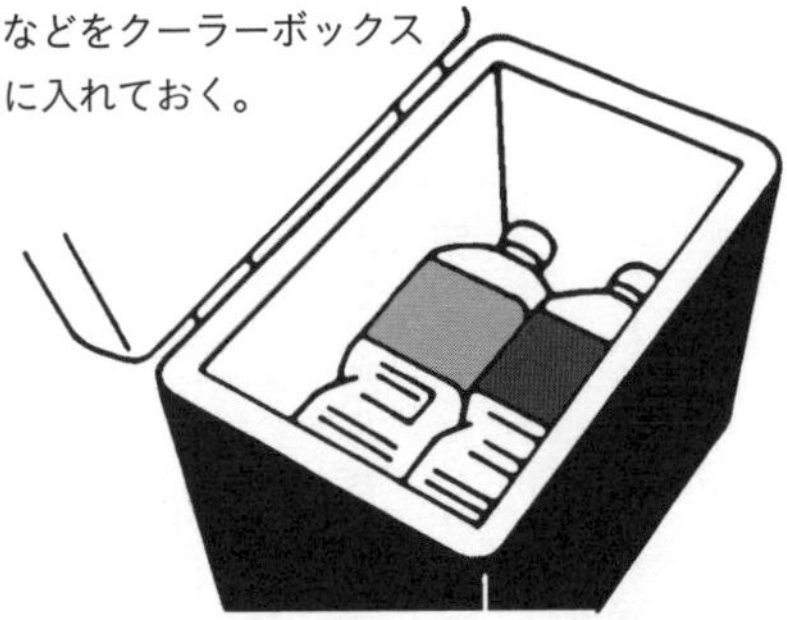

2 海水で潮氷を作る

水汲みバケツで海水を汲み、保冷剤がつかるくらいまで入れる。

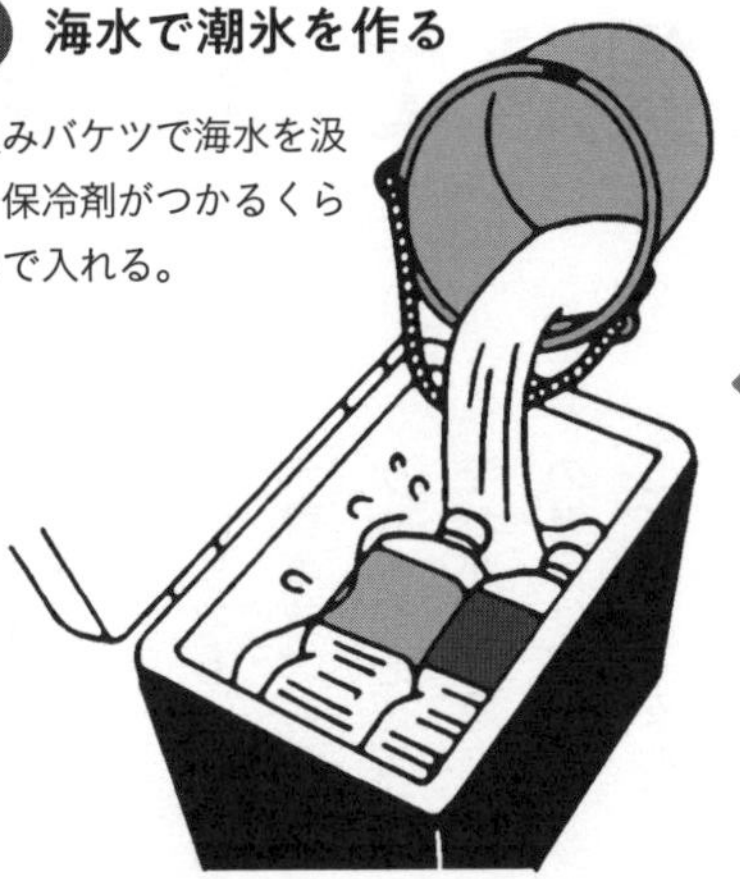

一時的にバケツで生かしておいても良い

比較的おとなしい根魚は、海水入りバケツに一時的に入れておいてもOK。

3 釣れたらすぐにドボン！

魚が釣れたらハリを外し、生きたままクーラーボックスに入れていく。

4 重ければ水を抜く

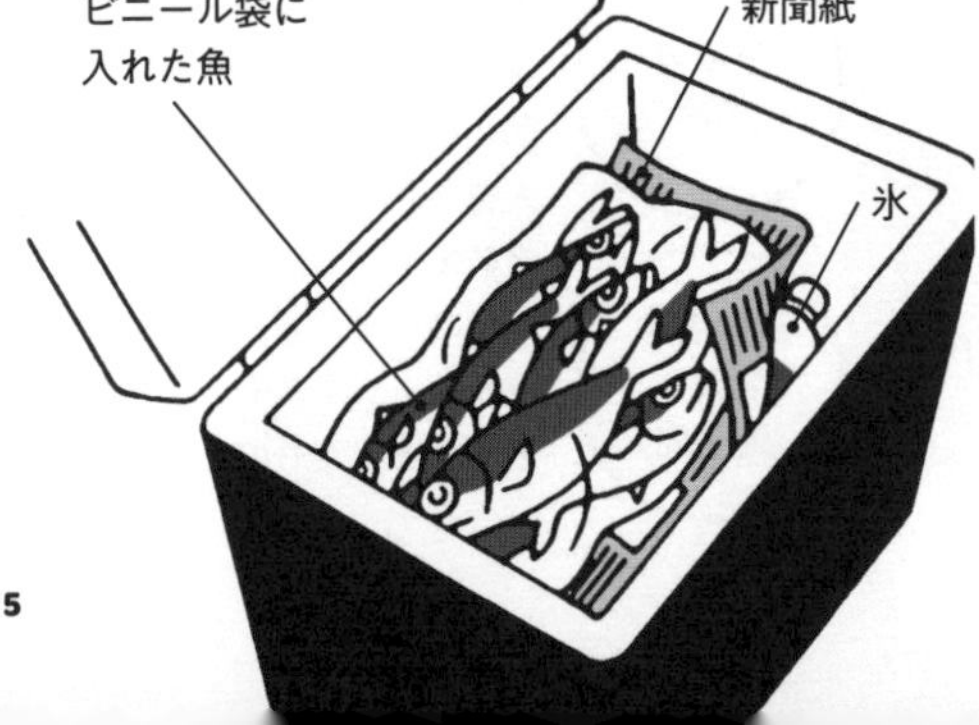

基本はそのまま持ち帰るが、重ければ水を抜き、左図のようにまとめて持ち帰る。

トラブルガイド①

川は110、海は118 緊急通報先を覚えておこう

自然相手なので天候の変化にも注意

釣りでもっとも怖いトラブルは、水難事故。海での釣りはライフジャケットが必須ですが、川であっても、流れが速く深い川での釣りや子どもの場合は、ライフジャケットを着用しておくと安心です。

また、自然相手の遊びなので、天候との付き合い方も大切です。荒天で海が荒れていたり川が増水しているときは、釣りは中止します。天気が良いとしても熱中症の恐れがあるような蒸し暑い日などは、十分に対策を講じたうえで楽しみましょう。

万が一の際に自分や周りの人の命を守れるよう、普段から救命講習などを受けておくのもおすすめです。

事故やトラブルを見かけたら

緊急通報先

川 **110**（警察）

海 **118**（海上保安庁）

- どんな事故か
- 事故者の人数
- 事故の場所
- 通報者の名前と連絡先

まずは緊急通報用の電話番号に連絡し、必要な情報（左図）を伝える。溺れている人を見かけたときは、二重遭難を避けるために、遠くからの救護が原則。空のクーラーボックスやペットボトルなど浮くものを投げる。

もしものときは慌てず対処を

川や海でのトラブルの際は、冷静に行動する。いざというときに慌てないよう、身を守る術を知っておこう。

ハリが刺さった！

カエシのないハリなら抜いて消毒。カエシがあるハリが深く刺さってしまった場合は、抜けないので病院へ。

川や海に落ちた！

釣り具や装備を捨て、浮くことに専念。川の場合は流れに逆らわずに泳ぎ、岸に上がれる場所を目指す。

雷がきそう

雷雲が見えたら道具をしまい、建物や車の中に移動。雨による増水がなければ、橋の下なども避難場所になる。

熱中症かも……

頭痛や立ちくらみが初期症状。日陰に入って水分補給し、水や濡れタオルなどで体を冷やす。症状が重ければ救急へ。

トラブルガイド②

近づくべからず
水辺の危険な魚と生き物

毒のある魚以外にも危険は潜んでいる

水中や水辺には、鋭い歯や毒を持つ生き物もいます。知らずに接触すると大ケガにつながることがあるため、注意が必要です。

淡水の釣りでは、ハチやマムシなどに気をつけます。地中にある巣を気づかず踏むなど、相手を刺激することで攻撃されるケースが多いため、道のない場所や茂みの中には不用心に立ち入らないようにします。

海ではまず、毒のある魚に注意します（左図）。また、毒がない対象魚であっても、ヒレなどが思いのほか鋭く、素手で触るとケガのもと。グローブをしたり、メゴチバサミやタオルなどを使って慎重に扱いましょう。

淡水では毒のある生き物に注意

噛まれると激痛。死に至ることも。

刺されると激痛で、死に至ることも。刺激しないように。

強い毒のある魚はいないが、陸の生き物に注意。道のない場所や茂みの中には、むやみに入らないようにしよう。

海では魚の毒や鋭い歯に気をつける

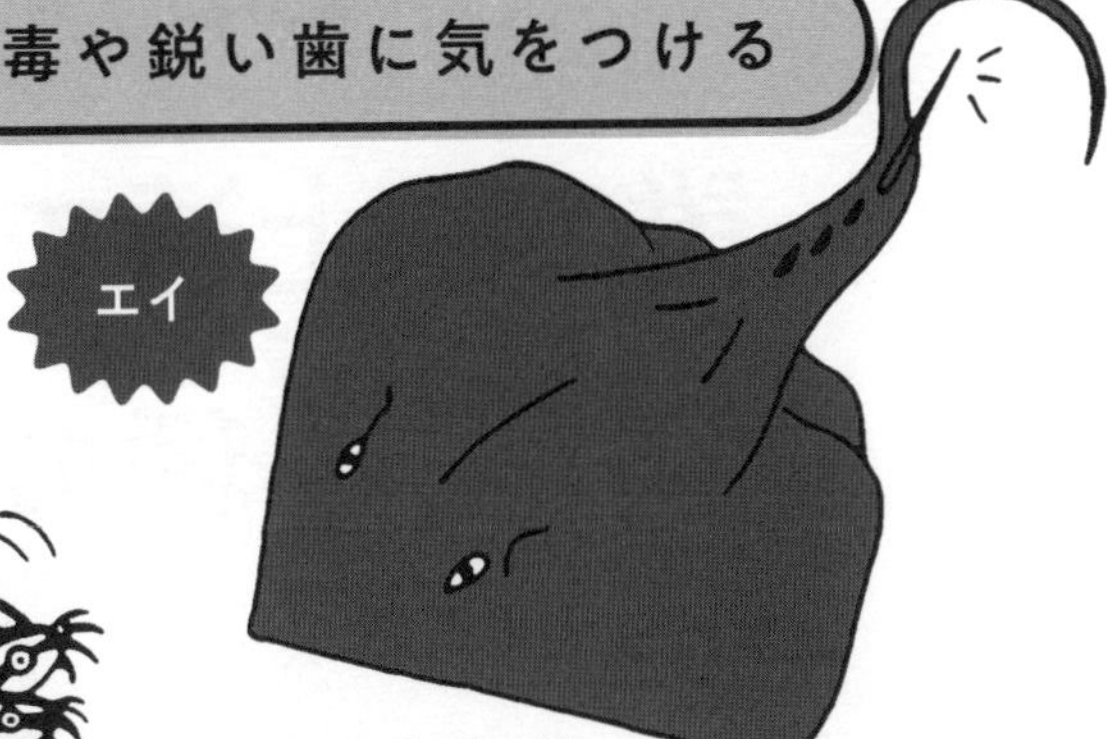

背ビレと胸ビレに毒があり、
刺されると激痛。

尾のトゲに毒。刺されると激痛。死に至ることも。

食用にされるが、背ビレや胸ビレ、臀《しり》ビレに毒がある。

浅い場所や潮溜まりにいる。背ビレに毒がある。

毒はないが歯が鋭く、噛まれると大ケガをすることも。

エイやゴンズイ、ハオコゼ、アイゴは、死んでいても毒があり危険。釣れたときもその場に放置しないこと。

イトの結び方

誰でも上達できる！覚えたい7種の結び方

8の字結び

のべ竿との接続や仕掛け作りなどで使う、まず覚えたい基本の結び方。

1 先端を5cmほど折り返し、重ねたイトをひねって輪を作る。

2 輪の部分を一度ひねってから、重ねたイトの先端を通す。

3 先端が抜けないよう気をつけつつ、本線を引いて締めていく。

4 輪の根元の余分なイトを切ったらできあがり。

サルカンなどに結ぶとき

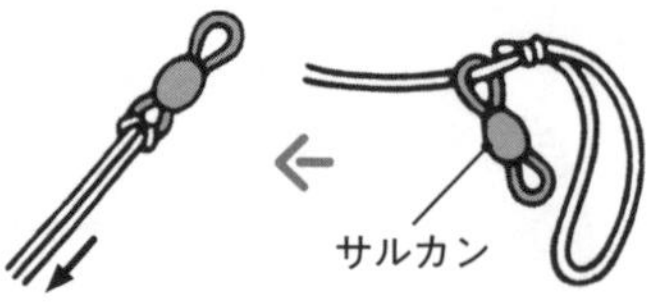

イトの先に作った輪の全体を、サルカンの環に通す。

サルカン全体をイトの輪の中に通し、イトを引き締める。

リリアンに結ぶとき

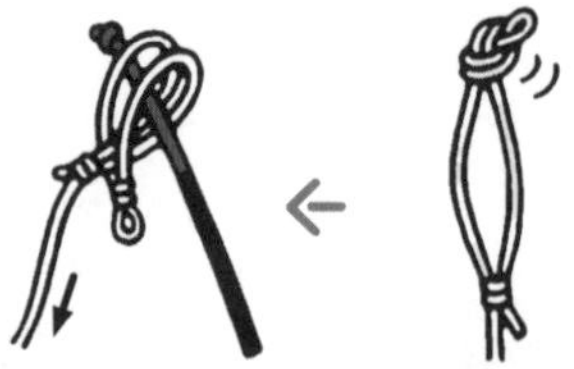

上の手順でできた輪の先端を結び、もう一つ輪を作る。

図のようにリリアンを通し、矢印の方向にしっかり引き締める。

電車結び

イトとイトの基本的な結び方。太さの異なるイト同士にも対応。

1

イトを10cmほど重ね、片方のイトを折り返すようにして輪を作る。

2

❶の輪の中に先端をくぐらせるように2～3回巻き付け、端を軽く引く。

3

ゆっくり締め込んでから、もう片方のイトも同手順で輪を作り巻いていく。

4

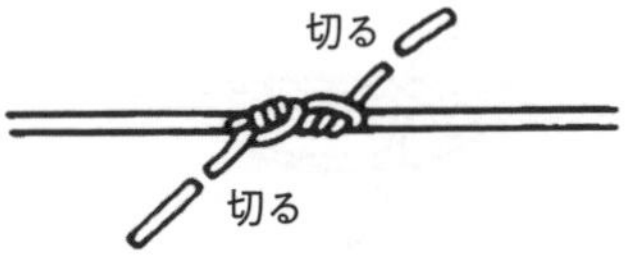

両方の結び目を締め込み、両端から引いて結び目を寄せて余分なイトを切る。

ユニノット

汎用性の高い結び方。ルアーやフライの結び方にも応用できる。

1

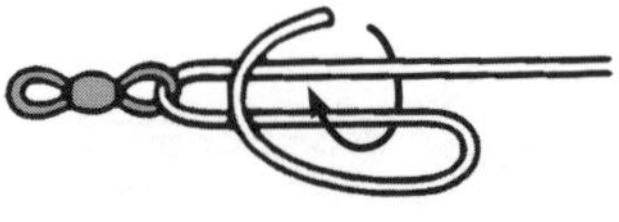

サルカンの環にイトを5cmほど通し、輪を作るように折り返す。

2

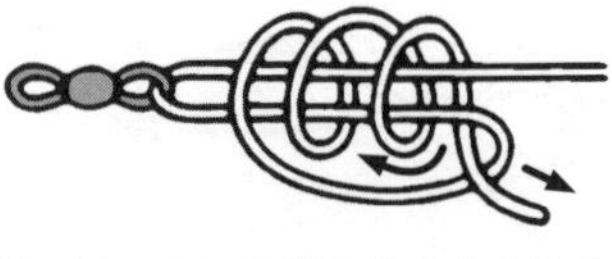

❶の輪の中に先端をくぐらせるように2～3回巻き付け、端を軽く引く。

3

先端が抜けないよう気をつけながら、サルカンと本線をゆっくり引いていく。

4

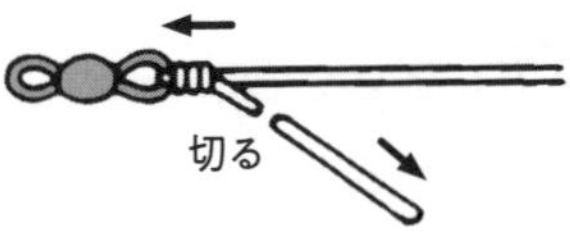

結び目がサルカンの環に触れる手前まで締め込み、余分を切る。

クリンチノット

ルアー釣りの定番の結び方。スナップやサルカンとの結束に使う。

1

サルカンの環にラインを５cmほど通し、折り返すように本線に巻き付ける。

2

そのまま本線に４～５回巻き付ける。

3

イトの先端を、サルカンの環に一番近い輪に通し、できた輪に通す。

4

結び目がサルカンの環に触れる手前まで締め込み、余分を切る。

ダブルクリンチノット

クリンチノットより強度アップ。イトと金属の結束に使う。

1

サルカンの環にイトを2回通し、図のようにループを作る。

2

❶のループの形を保ったまま、イトの先端を本線に４～５回巻き付ける。

3

イトの先端を❶のループに通し、できた輪に通す。

4

結び目がサルカンの環に触れる手前まで締め込み、余分を切る。

FGノット

PEラインとリーダーの結び方。難易度は高いが練習あるのみ。

❶

PEライン（グレー）の先端をくわえてピンと張り、リーダーをクロスさせる。

❷

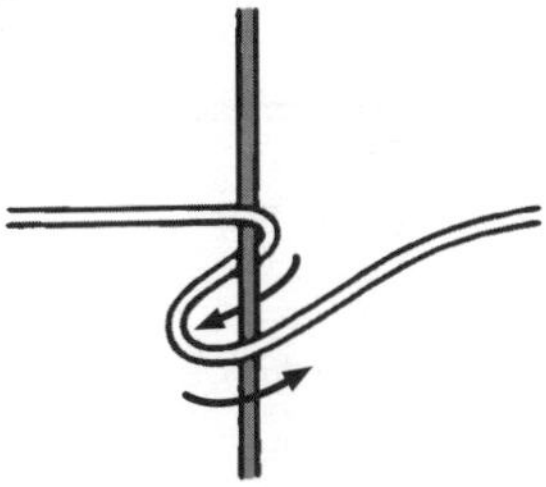

リーダーを、図のようにPEラインの下にからめる。

❸

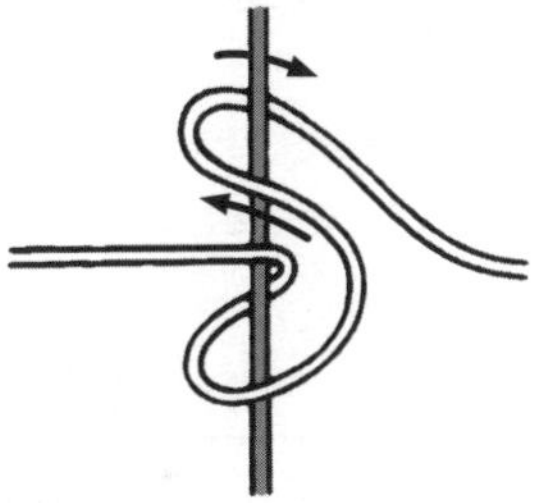

今度はPEラインの上にからめる。リーダーを引くと1回分の編み込み完成。

❹

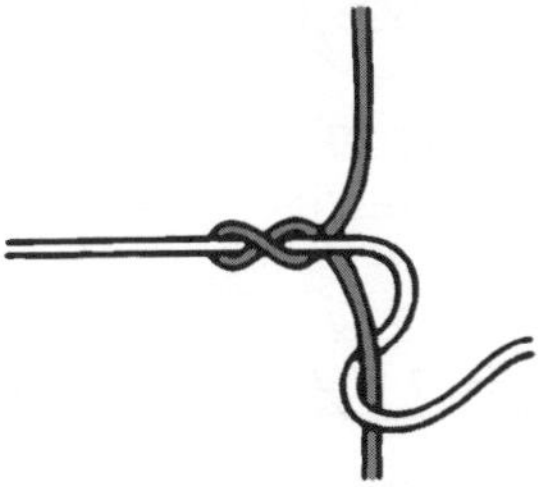

❷と❸をくり返し、5～6回分編み込みをする。

❺

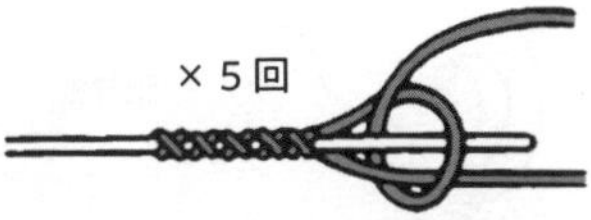

PEラインの先端を図のように通し（ハーフヒッチ）、結び目を湿らせ締め込む。

❻

PE本線とリーダーに対し、5のハーフヒッチを上下交互に5～6回。余分なリーダーを切る。

❼

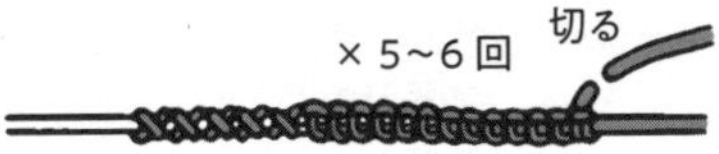

PE本線に対して、6と同様ハーフヒッチを5～6回。PEラインの余りを切る。

外掛け結び

ハリスとハリを結ぶ方法。ハリスがハリの内側にくるようにしよう。

❶

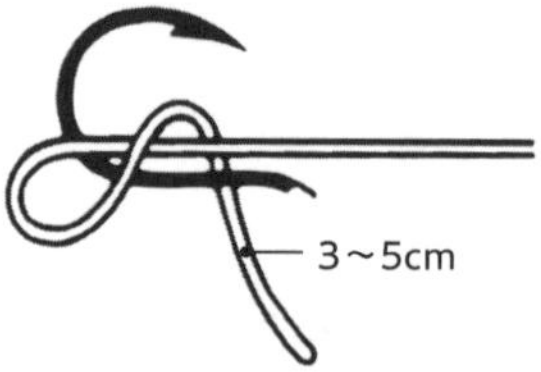

ハリスの先を５cmほど折って輪を作り、ハリの軸に沿わせる。

❷

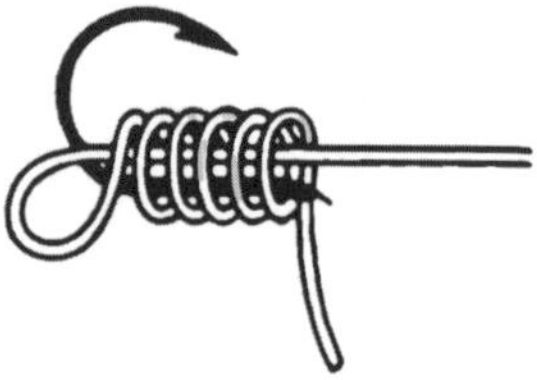

ハリスの先端を、軸に６～７回（軸の長さよって異なる）巻き付ける。

❸

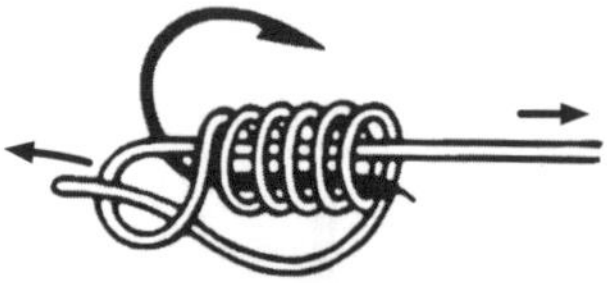

巻き終わった先端を❶の輪の中に通し、ハリスの両端を持ってゆっくり締める。

❹

ハリ本体とハリスを持ち、しっかり締め込む。余ったハリスの先端を切る。

釣り道具はこまめに洗おう

釣行後は、汚れや塩が付いている。帰ったらしっかり洗うこと。

〈ロッド〉

尻栓があれば外して中も洗う

全体的に水洗い。細部も念入りに。尻栓がある竿は外して中も洗う。水気を切り、よく拭く。

〈リール〉

冷水をかけて洗う

ドラグ（p99）を締め、イトごと水洗いし、水気をよく拭く。海釣り後はとくにしっかり洗おう。

〈仕掛け類〉

海釣り後は塩抜きを

淡水での釣りは軽く洗う。海釣りは、塩をしっかり落とすためにしばらく水につけ、その後乾かす。

覚えて楽しい

釣り用語辞典

あ

あおる…魚をハリに掛けたりするときの、竿を上に持ち上げる動作。

アタリ…エサやルアーに魚が食いつき、仕掛けや竿に反応が出ること。

アワセ…魚がエサを食ったタイミングで竿を上げ、口元にハリを掛けること。

イト…釣り糸。「ライン」ともいう。

イトふけ…潮や風に影響されてイトがたるむこと。

ウキ…イトにつける浮標。

ウキ下…ウキからつけエサまでの長さ。

エギ…イカを釣るのに効果的な、エビを模した疑餌。

大潮…干潮時と満潮時の潮位の差が最大になる潮回りのこと。

オマツリ…仕掛けが、ほかの釣り人の仕掛けとからむこと。

オモリ…仕掛けを沈めるための鉛。

か

ガイド…竿に付けられた、道糸を通すための環。

回遊…魚が季節に合わせて、適した水温やエサを求めて移動すること。

カエシ…ハリの先端より手前にある、反り返った突起。

かけ上がり…水底が斜面上になっている場所。魚が集まりやすい。

活性…魚の動きや行動の状況。活性が良い、悪い、などと使う。

干潮…潮が引き、水位が一番低いとき。

キャスト…竿を振り出して、仕掛けを投入すること。

キャッチ&リリース…魚を釣ったら、生きたまま水中に放すこと。

外道…ねらった魚以外の魚。

毛バリ…鳥の羽や獣毛などで作られる、水生昆虫を模した擬餌バリ。

コマセ…魚を集めるためのエサ。「マキエ」ともいう。

五目釣り…対象魚を絞らず、複数の魚種を釣ること。

さ

誘い…エサやルアーを動かして、魚の食い気を誘うこと。

覚えて楽しい
釣り用語辞典

タモ網…魚の取り込みに使う網。ランディングネットともいう。

潮位…海面の高さ。

釣果…釣りの成果。

釣行…釣りに出かけること。

付けエサ…ハリに付けるエサ。

取り込む…ハリに掛けた魚を、手元に持ってくること。

な

ナブラ…エサとなる魚や甲殻類がほかの魚に追われ、水面が波立つ状態。

根…水中にある障害物（岩礁帯などの水草など)。

根がかり…「根」に、仕掛けなどが引っ掛かること。

は

ハリ…釣りバリ。

ハリス…ハリを結ぶイト。

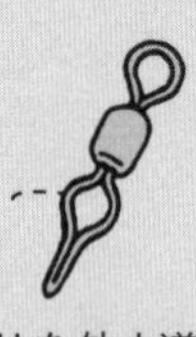

ハリス止め…ハリスを挟むだけで連結できる金具。

ハリ外し…魚に掛かったハリを外す道具。

サビキ…魚の皮などで作られた擬餌バリ。これを複数付けた仕掛けを､「サビキ仕掛け」という。

さびく…投入した仕掛けを動かして、魚を誘うこと。

サルカン…イトとイトを連結する金具。スナップ付きなどさまざまなタイプがある。同様の道具として「スイベル」がある。

⇧サルカン　⇧スイベル

潮通し…潮の流れ。

潮目…流れ向きや速さが異なる潮流が、ぶつかり合う場所。

時合い…魚の食いが良くなり、アタリが多くなる時間帯のこと。

しゃくる…竿を大きく跳ね上げて、ルアーを動かす動作。

た

タックル…竿、リール、仕掛けなどの、釣り道具一式のこと。

タナ…ねらう魚が泳いでいる層。

ら

ライズ…魚が水面付近のエサを食べるために、水面を割って現れること。

リーダー…ルアーフィッシングなどで、メインのイトの先端に付けるイト。

リール…イトの放出や巻き取りのために使う道具。竿に対して横向きにイトを巻くのが「スピニングリール」。

ルアー…擬餌。色や形、機能に、さまざまな種類がある。

ロッド…竿。

参考文献

『海釣り完全BOOK　基礎と上達がまるわかり！ 仕掛け・釣り方最強のコツ新版』山口充監修（メイツ出版）

『超かんたん！ 家族・親子つり入門』上田歩著（つちや書店）

『ゼロからのつり入門』西野弘章監修（小学館）

『キャンプと楽しむ釣り入門 Fishing×Camping 何が必要？どこでできる？みんなおまかせ！』つり人社書籍編集部（つり人社）

『釣りの結び完璧BOOK』西野弘章著（山と渓谷社）

『魚釣り入門　海・川・湖　最初の1尾を釣るためのガイドブック』ケイエス企画編集（主婦の友社）

バレる・バラす…魚を取り込む前に、掛かったハリが外れて逃げられること。

フィッシュイーター…ほかの魚をエサとして食べる魚のこと。

ベイト…エサとなる魚や甲殻類など。

ポイント…魚がいる場所。釣り場。

ボウズ…魚が１匹も釣れなかったこと。

ま

マヅメ…夜明けや夕暮れ前後の、ほの明るい時間帯。夜明けから日の出までが「朝マヅメ」、夕焼けから暗くなるまでが「夕マヅメ」。

満潮…潮が満ちて、水位が一番高いとき。

道糸…竿先からハリスまでのイト、または、リールに巻かれたイト。

や

やりとり…魚をハリに掛けてから、引き寄せ、取り込むまでの一連の動作。

遊漁…漁業以外で、魚を釣って楽しむこと。

【監修】つり具の上州屋 アウトドアワールド東大和店

つり具の上州屋は、1963年創業。東北地方から近畿地方まで、全国約160店舗を展開する日本最大級の釣り具店チェーン。釣り具をはじめ、アウトドアスポーツやレジャー用品を販売。自社ブランドの開発にも力を入れている。釣り具専門店の「上州屋」のほか、アウトドア用品なども扱う「アウトドアワールド」、ルアー・フライ専門店の「キャンベル」などを運営。「アウトドアワールド東大和店」では、本格的な釣りはもちろん、未経験者がアウトドアレジャーのついでにできるような釣りの楽しみ方も提案している。

装幀　石川直美（カメガイ　デザイン　オフィス）
本文デザイン　伊藤 悠
本文・カバーイラスト　さいとうあずみ
校正　黒石川由美
編集協力　オフィス201
編集　鈴木恵美（幻冬舎）

知識ゼロからの釣り入門

2021年7月5日　第1刷発行

監　修　つり具の上州屋 アウトドアワールド東大和店
発行人　見城 徹
編集人　福島広司
編集者　鈴木恵美

発行所　株式会社　幻冬舎
〒151-0051　東京都渋谷区千駄ヶ谷4-9-7
電話　03-5411-6211（編集）　03-5411-6222（営業）
振替　00120-8-767643
印刷・製本所　近代美術株式会社

検印廃止

ISBN978-4-344-90348-7 C2076
Printed in Japan
幻冬舎ホームページアドレス　https://www.gentosha.co.jp/
この本に関するご意見・ご感想をメールでお寄せいただく場合は、comment@gentosha.co.jp まで。